ENFANTS SOLDATS: VICTIMES ET AGRESSEURS

Un Problème de Sécurité Publique en Haïti

Partie I : 550 av. à 2006 Après JC

ALFRED REYNOLDS

Order this book online at www.trafford.com
or email orders@trafford.com

Most Trafford titles are also available at major online book retailers.

Print information available on the last page.

ISBN: 978-1-6987-1100-3 (sc)
ISBN: 978-1-6987-1102-7 (hc)
ISBN: 978-1-6987-1101-0 (e)

Library of Congress Control Number: 2022902329

Trafford rev. 02/04/2022

www.trafford.com
North America & international
toll-free: 844-688-6899 (USA & Canada)
fax: 812 355 4082

« Mal nommer les choses c'est ajouté au malheur du monde! »
Albert Camus

Cet ouvrage est dédié à ma femme: Judith Wagnac

…et à mes enfants: Djenaba, Mark, Justin, Nehemaya, Izhar et Zahra.

Mes sincères remerciements...

à Paule Goulet, une Québécoise remarquable. Son support et ses conseils m'ont aidé à traverser des obstacles difficiles durant mon séjour au Québec;

à ma directrice de recherche, Prof. Julie Desrosiers, dont ses multiples commentaires m'ont permis de retravailler mes approches dans la rédaction de cet essai;

aux professeurs de droit Georges Azzaria, Christian Brunelle, Olivier Delas, Denis Lemieux, Bjarne Melkevik, Alain Prujiner, Dominic Roux et Pierre Rainville pour leur expertise dans l'enseignement juridique et leur support intellectuel durant mes études de 2e cycle à l'Université Laval;

à l'équipe de l'Université Féministe (été 2006, Université Laval) pour leurs différentes approches socio-politico-économiques et juridiques sur les problèmes que confrontent les femmes et les minorités vivant dans la province de Québec et dans le monde en général;

enfin, à la merveilleuse équipe du Bureau International des Droits des Enfants (BIDE) qui m'a donné l'opportunité de mieux comprendre la situation humanitaire des enfants à travers le monde, en particulier Haïti, durant mon stage à Montréal (Québec).

CONTENTS

Partie II L'indétermination Du Droit International Par Rapport Au Statut Juridique Des Enfants Soldats

Partie III L'Apport De La Communauté Internationale À La Résolution De La Problématique Des Enfants Soldats Opérant Dans Le Cadre De Conflits Armés : Le Cas D'Haïti

PREFACE

Les enfants soldats relèvent d'une catégorie juridique particulière. Des dispositions juridiques régissent des aspects précis de leur situation. Certains aspects demeurent tout de même insuffisamment explorés et notamment leur statut paradoxal de victime et d'agresseur en droit international. L'ouvrage d'Alfred Reynolds vient à point soulever cette question.

La thèse de ce livre démontre la nature fluctuante de l'enfant soldat. Souvent considéré comme étant une victime, il est traité tel par le droit. On le considère comme étant incapable et dès lors irresponsable devant la justice internationale. En même temps, cependant, cette victime se mue en agresseur ; et, c'est ici que le droit international démontre son incohérence en le soustrayant de cette même justice. C'est le mérite de l'auteur d'avoir su mettre en évidence les incohérences du droit international sur cette double nature. On est ici devant un ouvrage original qui va, sur plus d'un enjeu, à contre-courant de certaines idées répandues sur la nature de l'enfant soldat et le régime juridique qui doit leur être appliqué. Pour nous éclairer sur cette question, Alfred Reynolds nous ramène aux origines du phénomène. Il aurait pu se contenter d'une description de ce phénomène, mais il va bien au-delà, en mettant en évidence les raisons profondes et les justifications. Il ne manque pas alors de souligner la place prépondérante du droit international sur ce phénomène. On se rend dès lors compte que le recrutement de l'enfant soldat peut aussi être effectué en prévision de l'irresponsabilité de cette catégorie de personne. Finalement, la lecture de l'ouvrage d'Alfred Reynolds amène à se demander si le droit international ne favorise pas le phénomène des enfants soldats. Censé régler au départ, le droit apparaît alors sous un jour nouveau en tant que facilitateur d'anormalités. On en arrive à se persuader de la nécessité de repenser la nature de la protection que le droit international apporte à cette catégorie de personnes.

La pensée de l'auteur va plus loin que cela. Il ne s'agit pas de remettre en question les dispositions normatives internationales protégeant les enfants. Plus que cela, il s'agit d'une part d'éclairer sur les effets de cette protection internationale sur les droits des autres personnes, les victimes des enfants soldats, ces derniers devenant à ce moment des agresseurs dont l'impunité est garantie. Il s'agit d'autre part d'envisager les modalités de la répression des actes de ces enfants par les tribunaux nationaux. L'auteur démontre ici les incongruités des systèmes pénaux nationaux et leur inadaptation à la réalité de la situation à résoudre.

En somme, l'ouvrage d'Alfred Reynolds nous amène à nous interroger : comment le droit international peut-il aider à résoudre le phénomène des enfants soldats ? Quelles pourraient être les orientations de l'action internationale sur cette question ? Il ne suffit plus de se contenter d'édicter leur impunité et de laisser les ordres juridiques nationaux s'en occuper. Alfred Reynolds fournit un nouveau cadre de réflexion sur l'orientation de l'action internationale. Il milite en faveur d'une reconception du droit international portant sur la répression du recrutement des enfants soldats. Enfin, la nouveauté de ce livre vient du fait qu'il présente de manière convaincante la responsabilité de la communauté internationale sur la question des enfants soldats. Les principaux intervenants que sont les organisations internationales et la société civile sont mis à l'index pour l'insuffisance des moyens mis à contribution pour la résolution de ce problème. Selon l'auteur, la politisation de cette question par l'Organisation des Nations Unis (ONU) au mépris d'une solution juridique et, plus tard, sa démission ne semble pas être de nature à faire évoluer cette situation.

La lecture de l'ouvrage d'Alfred Reynolds nous amène presqu'inéluctablement à épouser ses propositions. Si certaines des questions qu'il pose peuvent, à prime abord, paraître quelque peu byzantines, il finit presque toujours par convaincre de l'intérêt du problème qu'il soulève et de la justesse de la solution qu'il préconise. Dans cette hypothèse, l'action de la communauté internationale pourrait viser la répression de tous les comportements qui sont à la source du phénomène des enfants soldats. Ce livre arrive à nous persuader de la nécessité de repenser la nature de l'action internationale et notamment l'action juridique internationale en ce qui concerne la question de l'enfant soldat.

Dieudonné Edouard Onguene Onana

Docteur en droit international

A PROPOS DE L'AUTEUR

Alfred Reynolds est né à Port-au-Prince le 10 novembre 1968. Il a travaillé en Haïti, de 1991 à 1993, en tant que journaliste-reporter couvrant pour la station *Radio Plus* les différents problèmes qui affectent encore et présentement la vie des gens qui vivent dans des ghettos appelés « Quartiers Populaires ». Avant de devenir journaliste, la vie d'Alfred a été grandement affecté par la situation des enfants, des jeunes hommes et des femmes qui sont utilisés par les politiciens, personnes influentes d'Haïti, en particulier en Septembre 1989, quand il a failli se faire tuer par un groupe d'autodéfense.

La situation politique actuelle de son pays natal n'a pas vraiment surpris l'auteur. Comme d'autres pays en Afrique, au Moyen-Orient et d'Amérique latine qui connaissent des changements démocratiques de première main, Haïti – depuis février 1986 – est le théâtre d'actes de violence qui sont bien planifiés et exécutés par les deux côtés du spectre politique. Cependant, ce qui a changé depuis 1986 à 2004 est au cœur du débat de l'auteur. On peut se demander comment les problèmes des enfants soldats sont réels en Haïti considérant le programme de Désarmement, Démobilisation et Réinsertion (DDR) de la Mission des Nations Unies pour la Stabilisation en Haïti (MINUSTAH). En outre, on peut se demander, où se trouve Haïti en termes de ratification des instruments internationaux de protection des droits de l'enfant. En fait, l'auteur a décidé de se concentrer sur le thème des « enfants soldats » en raison de l'utilisation des enfants dans des conflits armés à travers le monde, dans des pays comme Haïti où le sujet est tabou et où, pour beaucoup, le problème est considéré inexistant.

Avec ses années d'expériences et de formations professionnelles, Alfred essaie de répondre à toutes ces questions dans le troisième chapitre de cet essai, qui est basé sur ses recherches universitaires à la Faculté de Droit de l'Université Laval où il a obtenu sa Maîtrise en Droit international et transnational (LL.M.). Alfred travaille couramment comme professeur de droit criminel et de techniques policières au Community College of Vermont. Il est actuellement membre de la Garde Nationale de l'État du Vermont en tant que Sergent et étudiant aumônier. Il a aussi servi pendant huit ans dans l'Armée Réserve et Fédérale des États-Unis d'Amérique et a travaillé dans les États du Connecticut, de la Géorgie et du Massachusetts comme conseiller pour les enfants à risque. Après des études au Massachusetts School of Law, il a travaillé pour le ministère de la Justice Juvénile et le Centre Régional Métropolitain de Détention Juvénile (RYDC) à Atlanta, Géorgie. Il a travaillé aussi pour la police du comté de Gwinnett en tant que coordonnateur technique; puis, pour le Tribunal Juvénile du même comté comme agent de libération conditionnelle du secteur intensif. Alfred est diplômé de Norwalk Community Technical College avec un degré Associates en Techniques policières et en criminologie; de Western Connecticut State University où il a obtenu un baccalauréat ès sciences en Administration de la justice et du droit; et, enfin, il est diplômé de plusieurs écoles militaires avec des certificats en sécurité, de services correctionnels, de troubles civils et d'enquête sur les incendies meurtrières. Alfred est également membre de l'Association des Tribunaux pour Mineurs en Géorgie (CJGA), l'Association des Enquêteurs de Gangs de la Géorgie (GIAG), l'Association du Barreau Canadien (ABC), l'Association de droit international, Avocats sans frontières, le Centre interdisciplinaire de recherche sur la violence familiale et la violence faites aux femmes; et, enfin, le Centre de recherche sur la réadaptation des jeunes et des familles à risque (Québec).

Alfred a bénéficié de plusieurs opportunités de ses professeurs en droit pour tenir des conférences au Cercle Europe et au Programme Paix et Sécurité internationale, tous deux considérés comme des antennes de l'Institut Québécois des Hautes Études Internationales ainsi que de l'Université féministe d'été (Université Laval). Alfred est candidat au Juris Doctor (J.D.) et membre de l'Association du Barreau canadien (ABC) dans les deux provinces de l'Ontario et du Québec (Canada). Il est titulaire d'un certificat d'études supérieures (Ed.S.) en éducation et leadership de l'Université de Géorgie. De plus, en dépit de ses expériences dans les domaines juridiques et d'enquête, Alfred est également diplômé de Liberty University avec une maîtrise en ministère pastoral et aumônerie. Il est le fondateur de l'Institut Haïtiano-Américain Justice et Droit (HAIJL), un « think tank » et une organisation de défense des droits humains, qui a son siège à Lawrenceville, Géorgie (États-Unis), où il travaille actuellement en tant que directeur général.

SIGLES ET ABRÉVIATIONS

ACDI	Agence Canadienne de Développement International
AG	Assemblée générale
AI	Amnesty International
CADE	Charte africaine des droits et du bien-être de l'enfant
CDE	Convention relative aux droits de l'enfant
CG	Convention de Genève
CHLR	Columbia Human Rights Law Review
CICR	Comité International de la Croix-Rouge
CIDH	Commission Interaméricaine des Droits de l'Homme
CIJ	Cour Internationale de Justice
CJP	Commission Justice et Paix
CPI	Cour Pénale Internationale
CPJI	Cour Permanente de Justice Internationale
COE	Conseil de l'Europe
CRC	Comité des Droits de l'Enfant
CS	Conseil de sécurité
DDRR	Désarment, Démobilisation, Réinsertion et Réhabilitation
DEA	Drug Enforcement Administration
DUDH	Déclaration universelle des droits de l'homme
ECOSOC	Conseil Économique et Social
FBI	Federal Bureau of Investigation
FDA	Forces démocratiques alliées
FMLN	Front Farabundo Marti de Libération Nationale
FRP	Front Patriotique Rwandais
HCR	Haut Commissariat des Nations Unies pour les Réfugiés
	HRW Human Rights Watch
JO	Journal Officiel
LRA	Lord's Resistance Army

MPLA	Mouvement Populaire pour la Libération d'Angola
MINUAR	Mission des Nations Unies pour l'Assistance au Rwanda
MINUSTAH	Mission des Nations Unies pour la Stabilité en Haïti
MS-13	Mara Salvatrucha (guérilla salvadorienne)
NRA	National Resistance Army
OB	Opération Bagdad
OEA	Organisation des États Américains
OIT	Organisation Internationale des Travailleurs
ONG	Organisation Non Gouvernementale
ONU	Organisation des Nations Unies
ONUSAL	Mission d'Observation des Nations Unies au Salvador
OPCRCAC	Protocole facultatif à la Convention relative aux droits de l'enfant concernant l'implication d'enfants dans les conflits armés
OUA	Organisation de l'Union Africaine
PBS	Public Broadcasting Station
PDR	Principes directeurs de Riyad
PITE	Programme international pour l'abolition du travail des enfants
RDC	République Démocratique du Congo
RNDDH	Réseau national de défense des droits humains
RTLM	Radio-télévision Libre des Mille Collines (radio extrémiste de Rwanda)
SRCPI	Statut de Rome (Cour pénale internationale)
TRC	Truth and Reconciliation Commission
TSSL	Tribunal spécial de la Sierra Leone
UA	Union Africaine
UE	Union Européenne
UNESCO	Organisation des Nations Unies pour l'Éducation, la Science et la Culture

UNHCHR	Haut-commissariat des Nations Unies aux droits de l'homme
UNHCR	Haut-commissariat des Nations Unies pour les réfugiés
UNICEF	Fonds des Nations unies pour l'enfance
UPC	Uganda People's Congress
UPC	Union des Patriotes Congolais
UPDF	Uganda Democratic Popular Front

INTRODUCTION

Les enfants sont utilisés depuis l'âge de pierre à la lutte des bêtes sauvages et de la chasse pour se nourrir et pour la survie de leurs clans. Les gens en position d'autorité ont vite compris que les enfants peuvent être utilisés comme enfants soldats pour devenir soit des espions soit des assassins en vue de tuer leurs ennemis. Ce fut le cas pour les *enfants Spartiates* qui ont combattu dans des guerres tout au long des années 550 av. J.-C. et les siècles qui ont suivi afin que Sparte devienne la plus puissante machine de guerre dans toute la Grèce antique. Le recrutement des enfants s'est poursuivi au début du 14ème siècle avec *Murad I*, qui – en vertu du système *devhirmke* – recrutent les jeunes garçons des peuples et des territoires Chrétiens conquis. Ces jeunes sont connus comme les "janissaires" ou "garde du corps" et les "troupes de ménages."

Durant le 16ème siècle, *Suleyman*, le grand législateur musulman, a poursuivi ce même type de recrutement dans tout l'Empire Ottoman et dans les territoires avoisinants avec son armée de 30 000 enfants soldats qui sont devenus une vraie force d'élite, formée seulement pour être fidèle au sultan. En fait, ces enfants soldats sont connus par des noms différents selon le pays dans lequel ils sont recrutés. Par exemple, s'ils ne sont pas appelés *Spartiates* ou *Janissaires*, ils sont connus comme les *Mamelouks* (Égypte), les *Cadets de La Flèche* (France) les *Lebensborn* (Allemagne) les *Bassidji* (Iran), les *Éffaceurs* (Ouganda), les *Kadogos* ou les *Profanateurs de Vagin* (République Démocratique du Congo), les *Mara-Salvatrucha* (El Salvador), les *Chimères* ou *Kokorat* (Haïti). En effet, durant les vingt dernières années, le nombre d'enfants qui sont utilisés dans des conflits armés, au niveau national et transnational, a sérieusement augmenté particulièrement en Afrique, l'Amérique du Sud et le Moyen-Orient.

En Ouganda comme au Pakistan, en Haïti comme en Colombie, des milliers d'enfants sont enrôlés dans des armées pour être impliqués dans des conflits armés. Selon Amnistie Internationale, un membre de la Coalition contre le recrutement et l'utilisation des enfants dans les forces armées, « dans plus de 85 pays, plus d'un demi-million d'enfants âgés de moins de dix-huit ans sont actuellement incorporés dans les forces armées gouvernementales, dans des forces paramilitaires, dans des milices civiles ou non gouvernementales »[1]. Cependant, alors que la plupart de ces enfants ont été forcés de rejoindre les groupes armés, certains d'entre eux se portaient volontaires et sont acceptés de devenir des enfants soldats qui peuvent à n'importe quel moment devenir impitoyable, faciles d'être endoctrinés, et parfaits assassins et tortionnaires. Le Conseil de Sécurité pense que plus de 250 000 enfants sont exploités et impliqués dans les conflits armés à travers le monde[2]. Cependant, aux yeux du monde, « la problématique des enfants soldats est considérée comme un fléau Africain qui a permis à l'Afrique de devenir le laboratoire où la communauté internationale essaye d'apporter les premières réponses à plusieurs questions posées »[3].

Selon les *Principes du Cap*[4] adoptés par le Fonds des Nations Unies pour l'enfance (UNICEF), un enfant-soldat est « toute personne de moins de 18 ans qui fait partie d'un groupe armé en quelque qualité que ce soit, ainsi que les personnes qui accompagnent ces groupes,

---

[1]   ACT 76/004/2003, 1 juin 2003.

[2]   SC/8784, 24 juillet 2006

[3]   Naïri ARZOUMANIAN et Francesca PIZZUTELLI, « Victimes et bourreaux: questions de responsabilité liées à la problématique des enfants-soldats en Afrique », (2003) 85 R.I.C.R 827.

[4]   Principes du Cap, 27 avril 1997

à l'exception des seuls membres de leurs familles et des jeunes filles recrutées à des fins sexuelles ou pour des mariages forcés ». Cette définition a été réitérée par le Secrétaire général de l'Organisation des Nations Unies (ci-après ONU), Kofi Annan, dans son rapport au Conseil de sécurité sur les enfants et les conflits armés.[5] En outre, les normes internationales – en particulier la *4e Convention de Genève*[6] de 1949, les *Protocoles Additionnels* (Protocole I[7] et II[8]) de 1977, la *Convention relative aux droits de l'enfant*[9] et son protocole[10] – proscrivent clairement le recrutement des enfants dans les forces ou groupes armés. Plus encore, le recrutement et l'utilisation d'enfants dans des hostilités peuvent constituer un crime de guerre. En effet, les *Principes du Statut de Rome*[11], la *Résolution 1674*[12] du Conseil de Sécurité de l'ONU et les *Règles de procédures*[13] de la Cour pénale internationale (CPI) interdisent toute amnistie et font obligation à tout gouvernement de juger tous les auteurs de crimes contre l'humanité, de crimes de génocide et de violations massives des droits humains internationaux.

Pourtant, en dépit de tous ces règlements, le droit international reste ambigu face au statut juridique des enfants soldats et hésite entre le concept de victimes et celui d'agresseurs. Il existe en effet un paradoxe dans la définition même de l'enfant soldat : l'enfant est une victime et un agresseur. En protégeant ces enfants comme étant des victimes, le droit international doit-il continuer à protéger ces enfants

---

[5]   S/2000/712, 19 juillet 2000

[6]   Articles 17 et 51 CG IV

[7]   Articles 51.1 et 77 Protocole I CG

[8]   Articles 4.3(c) et 13 Protocole II CG

[9]   Art. 38.2 CDE

[10]   Articles 2 et 4 OP-CRC-AC

[11]   Articles 6 et 8.2 (b) (xxvi) SR-CPI

[12]   CS Res. 1674, 28 avril 2006

[13]   Articles 4(c) et 10 TSSL

malgré que ces derniers soient aussi des agresseurs? Si oui, qu'est-ce qu'on peut dire de leurs victimes qui sont tuées, violées ou torturées? Et, si ces enfants ne devraient pas être légalement responsables de leurs crimes devant les tribunaux internationaux, est-il sage que la communauté internationale laisse les tribunaux internes juger ces enfants malgré que ces pays aient un système de justice défaillant, un système qui ne peut administrer correctement la justice pour mineurs, un système qui manque de motivation de rendre justice aux victimes et aux agresseurs? Ce paradoxe, lorsqu'il est ignoré, peut permettre à l'enfant de devenir une cible plus facile pour le recrutement, encourager l'enfant à perpétuer ses actes de délinquance et engendrer des conséquences graves sur l'état physique et mental de l'enfant. Et, vu le malaise du droit international à considérer les enfants soldats comme des agresseurs, il est impératif de savoir comment le droit international humanitaire et le droit international des droits de la personne envisagent de traiter la problématique de la délinquance de ces enfants lorsqu'ils sont à la fois victimes et agresseurs. Le statut juridique des enfants soldats peut-il être mieux défini en droit international? En effet, qui sont ces victimes? Et, qui sont ces agresseurs? Ces victimes peuvent-elles aussi devenir des agresseurs au mépris de toute norme juridique?

Notre étude va être dirigée, d'une part, sur des cas où l'enfant soldat est considéré comme une victime lorsque ses droits sont violés par ceux qui l'enrôlent dans des groupes armés; et, d'autre part, comme un agresseur lorsque l'enfant est tombé dans la délinquance et qu'il viole les droits des individus victimes de la guerre. Vu leurs expériences dans les conflits armés, leurs problèmes psychologiques d'après guerre, la négligence ou le refus des autorités à les réhabiliter, ces enfants sont livrés à eux-mêmes; et, pour survivre, ils doivent mettre à profit les expériences qu'ils ont pu acquérir sur les champs de bataille, que ce soit avec la guérilla, les résistances armées ou les guerres conventionnelles. L'enfant est maintenant forcé de mener une vie de délinquant, faisant ainsi partie du groupe des marginalisés qui vivent souvent dans des ghettos où règne la loi du plus fort.

À travers notre étude, nous tenterons de formuler des principes qui devraient être pris en compte, tant par les organisations internationales que les autorités internes dans les pays où les conflits armés surgissent, pour la protection des enfants soldats et l'administration de la justice pour mineurs. Dans ce cas, le droit international se préoccupe-t-il du taux de satisfaction des victimes qui sont des enfants soldats et des victimes des enfants soldats? Et en quel sens, dans quelle mesure ont-ils à être satisfaits? Afin de pouvoir contribuer à l'efficience des normes internationales, nous nous interrogerons sur la manière dont le droit international des droits de la personne et le droit international humanitaire peuvent aborder l'ampleur du phénomène du recrutement, de l'utilisation et de l'implication des enfants dans les conflits armés, tout en prenant en compte le fait que ces enfants sont à la fois victimes et agresseurs. Enfin, en dernier lieu, nous verrons que le programme onusien de Désarmement, de Démobilisation et de Réinsertion (DDR) est souvent ineffectif. En fait, ce programme n'offre aucun moyen de réhabilitation à ces enfants qui sont en grande partie mentalement traumatisés. Il tend à privilégier une approche politique au mépris d'une solution juridique et ne contribue pas toujours à la protection des droits et libertés et à la bonne administration de la justice.

PARTIE I

L'Enfant Et Son Statut De « Soldat » Dans Les Conflits Armés

CHAPITRE 1

L'Enfant Soldat Dans Le Nouveau Millénaire

Si le problème des enfants soldats a pris une ampleur nouvelle au cours des dernières décennies, il ne s'agit pas d'un phénomène nouveau. C'est un problème qui existe depuis très longtemps et qui persistera tant qu'il y aura des seigneurs de la guerre, des forces armées, des groupes paramilitaires, des guérillas et des milices pour amorcer des mouvements sociaux et des conflits politiques; et, plus encore, tant qu'il y aura des luttes entre différentes classes sociales, politiques et économiques.

1.1 Brève histoire de l' « enfant-soldat »

À partir de l'an 550 avant notre ère, les enfants sont recrutés pour devenir soldats. Selon l'écrivain athénien Xénophon, dans son ouvrage intitulé la *République des Lacédémoniens*[14], la ville de Sparte adopte une orientation entièrement militaire. Une commission de sages, de manière régulière, va de porte en porte pour identifier les bébés qui sont beaux, bien formés et robustes. Puis, ils prennent les bébés de leur mère de gré ou de force. Ainsi, le bébé est attribué à une nourrice robuste. Celle-ci ne serre pas le nouveau-né dans les linges de sorte qu'il devienne rapidement plus corpulent et plus courageux. Après l'âge de 7 ans, l'enfant est placé dans une unité sous l'autorité

---

[14] Nadeije LANEYRIE-DAGEN, *Les grands événements de l'histoire des enfants*, coll. « La Mémoire de l'humanité », Paris, Édition Larousse, 1995, p. 25.

d'un chef qui est recruté parmi les plus grands d'entre eux, considérés comme un petit groupe des plus combatifs[15].

Au cours du 1er cycle (7 à 11 ans), l'enfant est retourné chez ses parents. Durant les 2e (12 à 15) et 3e cycles (16 à 20 ans), l'enfant est retourné dans son unité et son éducation devient plus contraignante et cruelle. L'enfant est donc préparé pour devenir un futur guerrier qui va défendre sa patrie jusqu'à la mort par des courses, luttes, maniement des armes (épée ou javelot) et mouvements de troupes qui accroissent la force musculaire et la rude discipline qui règne sur les champs de bataille. Les garçons sont excités et poussés à se battre entre eux afin de tester leur ardeur au combat et les habituer à supporter les coups. Les jeunes femmes spartiates, elles, doivent avoir un corps ferme et bien musclé, hérité de leur enfance et de leur adolescence afin de porter des enfants sains et vigoureux qui seront à leur tour de futurs guerriers. Ces femmes ou jeunes spartiates courent, se livrent à des épreuves de force et lancent le javelot et le disque. Selon Xénophon, l'État spartiate veut donner à l'enfant une formation morale impitoyable. En ce sens, l'enfant apprend à surmonter peines et douleurs, il apprend à lutter contre le froid et contre la chaleur, il se familiarise avec la saleté, il n'a pas le réconfort d'un bon repas et il n'est pas nourri à sa faim. En fait, les autorités spartiates – voulant développer les facultés de ruse et de débrouillardise chez les jeunes – ne les empêchent pas non plus de voler. Au contraire, le voleur maladroit est très sévèrement châtié, non parce qu'il a commis un acte répréhensible, mais parce qu'il a échoué dans sa tentative[16].

Si l'histoire des enfants soldats spartiates remonte à des centaines d'années avant notre ère, on y voit tout au long du 13e siècle de notre ère les exploits des *Mamelouks* d'Égypte. Très jeunes, ces enfants

---

[15]   *Id.*

[16]   *Id.*, p. 35.

2

turcs de 10 à 15 ans ont été achetés dans le sud de la Russie. En Asie centrale, ils sont devenus des esclaves-soldats pour sauver l'*Islam* contre l'armée des croisés de Saint-Louis. En 1764, en France, on voit une école de cadets au collège de *La Flèche* où 250 jeunes enfants de 8 à 11 ans, dont la majorité sont des fils d'officiers, se préparent à une carrière militaire, avec une rude discipline, par le maniement des armes. En 1793, Joseph Bara – un enfant de 14 ans enrôlé dans les forces armées républicaines – est devenu l'enfant martyr de la Révolution française. Durant la seconde guerre mondiale, on voit les *Lebensborn* ou les enfants blonds d'Hitler. Ces enfants de 12 à 15 ans sont enrôlés dans l'armée allemande ou la *Wehrmacht*, dans les unités spéciales comme la *Waffen-SS* et, plus tard, participent militairement à la résistance allemande contre la coalition étrangère. En 1975, plusieurs milliers d'enfants angolais défilent dans les rues de Luanda, la capitale d'Angola, participant ainsi à une parade militaire avec des lance-grenades sur leurs épaules. Dès 1980, on voit des *bassidji* ou petits soldats iraniens, âgés de 13 à 15 ans, qui s'engagent « volontairement » dans l'armée, avec le consentement de leurs parents, pour faire la guerre avec l'Iraq. Lorsque ces enfants deviennent des enfants soldats au sein d'une force armée, ils peuvent exercer différentes fonctions : cuisinier, porteur, messager et autres. L'enfant est aussi utilisé comme un scout ou un éclaireur pour enlever des mines afin de frayer le chemin à ses compagnons de guerre. Souvent, l'enfant perd un membre ou même sa vie. Cependant, il y a des cas d'exception où l'enfant – une fois devenu dirigeant suite à des années d'expérience de guerre soit dans les forces armées régulières ou dans la guérilla – prend part active dans les conflits et ordonne la planification, la préparation, le déclenchement ou la conduite d'une agression contre un autre groupe armé ou une population.

Durant ces guerres, de multiples atrocités sont invariablement commises par les agresseurs, qu'ils soient enfants ou adultes. Selon les

Nations Unies, entre 250 000 et 500 000 femmes ont été violées en 90 jours durant le génocide au Rwanda en 1994. Parmi les femmes qui ont survécu au génocide, 80% ont été violées et plus de la moitié de celles-ci ont été infectées par le virus du sida. Selon Mme Iulia Motoc, dans son rapport sur la situation des droits de l'homme en République Démocratique du Congo (RDC), « la situation des femmes et des enfants se dégrade continuellement en raison de la poursuite des conflits et le climat de terreur que les groupes rebelles font régner dans le territoire »[17]. Par ailleurs, « l'âge des violeurs a tendance à baisser, avec l'enrôlement massif, dans les guerres africaines, d'enfants soldats » tandis que des filles de cinq ans et des femmes âgées de quatre-vingts ans sont attaquées avec une brutalité extraordinaire particulièrement quand les agresseurs tirent sur les victimes « avec une arme introduite dans leur vagin ou les mutilant avec des couteaux ou des larmes de rasoir»[18]. En fait, l'histoire des spartiates et des mamelouks démontrent que le recrutement des enfants-soldats est important pour ceux qui font la guerre. Les différentes approches de recrutement, surtout dans le nouveau millénaire, nécessitent un plus grand débat lorsque ces recrutements sont faits par la force ou par le volontariat et que les enfants recrutés vont être impliqués dans des conflits armés.

1.2 Les différentes approches de recrutement

Le recrutement de nouveaux soldats est important pour maintenir une force armée. Ainsi, les recruteurs vont utiliser des moyens des plus efficaces pour recruter des jeunes et les résultats quantitatifs priment toujours sur les besoins qualitatifs en temps de guerre. Souvent, dans les forces armées conventionnelles, les recruteurs militaires des pays

---

[17] A/57/437, 26 septembre 2002

[18] HUMAN RIGHTS WATCH, *La guerre dans la guerre: Violence sexuelle contre les femmes et les filles dans l'est du Congo*, Brussels, Human Rights Watch, 2002, p. 3.

occidentaux profitent des besoins des jeunes, membres de la classe minoritaire et de la classe moyenne qui vont commencer leurs études universitaires et qui sont encore au lycée, pour leur offrir des subventions alléchantes : études universitaires ou autres bénéfices. Nous nous intéressons, quant à nous, aux enfants des pays en conflit, où il n'y a presque pas d'armée conventionnelle. En ces endroits, les enfants sont recrutés de plus en plus jeunes afin de participer à des conflits armés, que ce soit d'une façon indirecte ou directe. D'une manière indirecte, ils sont devenus des messagers, des porteurs, des servantes et des esclaves sexuels; d'une manière directe, ils sont des combattants, portent des armes et font la guerre comme des adultes. Souvent, le recrutement revêt des formes différentes pour les garçons et les filles: les garçons servent au combat et dans d'autres activités militaires, alors que les filles sont plus fréquemment utilisées pour l'esclavage sexuel et le travail forcé. Aussi, les enfants vivant dans des zones de conflit ou à proximité et les enfants séparés ou non accompagnés sont encore plus exposés au risque de recrutement militaire, que ce soit par des entités étatiques ou non étatiques[19].

1.2.1 Le recrutement forcé

Contrairement aux forces armées occidentales, où le recrutement est basé sur le volontariat, les jeunes sont recrutés par la force ou sous la menace de se faire tuer et ils sont obligés de porter les armes dans des armées rebelles ou révolutionnaires, la guérilla, des forces paramilitaires ou autres. Au nord de l'Ouganda, par exemple, des jeunes de 7 à 15 ans sont kidnappés par Joseph Kony – le chef de « l'Armée rebelle du seigneur » – et sont contraints de se battre dans son armée. En vue d'échapper à ce recrutement forcé, les enfants ou

---

[19]   HAUT COMMISSARIAT DES NATIONS UNIES POUR LES RÉFUGIÉS, *La violence sexuelle et sexiste contre les réfugiés, les rapatriés et les personnes déplacées : Principes directeurs pour la prévention et l'intervention*, New York, Nations Unies, 2003, p. 79.

night commuters laissent leurs maisons chaque jour avant le coucher du soleil pour aller se réfugier dans un camp « afin de rester en vie et voir une nouvelle journée »[20]. D'autres exemples de recrutements par la force peuvent se voir dans une décision du Haut-commissariat des Nations Unies pour les Réfugiés en faveur d'un ex-enfant soldat : « le requérant a été contraint par la force, durant sa minorité, de servir l'armée angolaise en tant qu'enfant soldat. Il a fait l'objet de trois enrôlements forcés assortis chacun d'une formation au combat dans un camp d'entraînement du MPLA. Il a subi des entraînements très durs et a été témoin d'exécutions de jeunes enfants qui se plaignaient »[21].

1.2.2   Le recrutement volontaire

Le volontariat est une forme de recrutement alternative ou complémentaire au service militaire obligatoire. Les conditions de cet engagement sont réglées par le droit interne. Cependant, en ce qui concerne les enfants soldats, il y a des cas où l'enfant décide, de son plein gré, de joindre les rangs d'un groupe rebelle ou d'une force gouvernementale pour se battre ou se faire justice. L'enfant veut soit venger la mort d'un membre de sa famille soit vouloir contribuer activement à une cause[22]. Par exemple, en ex-Yougoslavie, des adolescents âgés entre 10 à 17 ans – venant des deux groupes extrêmes du conflit armé – acceptent de s'intégrer dans des forces irrégulières ou paramilitaires pensant que c'est leur devoir, en tant que patriote, de combattre l'ennemi[23].

[20]   Keith MORRISSON, « Children of War in Northern Uganda », Dateline NBC, 22 August 2005.

[21]   SPF/N° 452653, 28 mai 2004

[22]   Rachel HARVEY, *Children and armed conflict: a guide to international humanitarian and human rights law*, Essex, University of Essex, 2003, p. 26.

[23]   Gaetan LAVOIE, « Droit de parole : Les enfants de la guerre peuvent-ils retrouver la paix? », Télé-Québec, 2001.

Au Rwanda, une partie de la jeunesse Hutu a décidé de s'enrôler volontairement dans la milice et s'est entraînée avec des bâtons et des machettes, une façon de se préparer pour le génocide du groupe minoritaire Tutsi. En fait, selon Alison Desforges, historienne de Human Rights Watch, « les *interahamwe* avaient caché beaucoup d'armes; ils avaient entraîné 1 700 jeunes dans divers quartiers de Kigali; leur chef disait qu'ils pouvaient tuer 1 000 tutsi en 20 minutes »[24]. Enrôlés dans des forces irrégulières appelées brigades de vigilance, ces jeunes enfants soldats ou ces « jeunes gardiens de la paix étaient chargés de veiller à la sécurité de leur famille et de leurs quartiers[25] ». Ces types de recrutement, qu'ils soient légaux ou illégaux, comportent toujours des causes et des effets : le seigneur de la guerre, par ses ambitions politiques, entraîne l'enfant vers une violence structurelle des conflits armés qui va lui causer des traumatismes physiques, sociaux et psychologiques. Ces séquelles psychologiques et émotionnelles vont engendrer à leur tour des rancunes, des peurs et des haines qui alimenteront les conflits de demain[26].

1.3 Les causes du recrutement des enfants

Le conflit armé en Sierra Leone, qui est considéré comme « une guerre insensée », a coûté la vie et des membres à des centaines de milliers de personnes, dont plusieurs sont des victimes d'enfants soldats. En fait, 5 à 10 000 enfants ont été recrutés par les forces rebelles ou l'armée. Il faut comprendre qu'en pareil contexte, ceux qui recrutent ces enfants le font en toute impunité vu la quasi-absence de surveillance durant les conflits. Si les enfants sont recrutés par des

---

[24] Danièle LACOURSE, « Rwanda : chronique d'un génocide annoncé », Alter-Ciné, Inc., 1996.

[25] COMMISSION DES DROITS DE L'HOMME, *Marie-Thérèse Bocoum: Réponse des parties concernées et dialogue avec les délégations*, New York, Nations Unies, 6 novembre 2002.

[26] A/51/306/Add.1, 6 Septembre 1996

groupes paramilitaires ou par des forces armées, c'est parce que les seigneurs de la guerre ont grandement besoin de leur aide et que les enfants, eux-mêmes, sont souvent incapables de dire non.

1.3.1 De l'intérêt des recruteurs ou seigneurs de la guerre

L'apport des enfants soldats à ces groupes armés est important sur le plan des ressources humaines. Bien qu'ils soient recrutés parce qu'ils sont obéissants, très motivés, dévoués et faciles à manipuler, ces enfants – une fois recrutés et engagés dans des combats violents – vont être considérés comme des dommages collatéraux par les seigneurs de la guerre. Les raisons officielles de plusieurs de ces conflits armés sont basées sur des revendications sociales venant d'un ou de plusieurs groupes. Cependant, les causes réelles de ces conflits sont étroitement liées à des objectifs politiques et économiques : le besoin d'être puissant tout en ayant le pouvoir de vie et de mort sur un groupe donné et la nécessité de contrôler le trésor public à des fins personnelles. En fait, la guerre de la Sierra Leone a été déclenchée en 1990 par des rebelles pour contrôler les diamants. C'était la même situation avec le seigneur de la guerre Charles Taylor au Libéria[27] où des milliers de jeunes ont été recrutés pour protéger les acquis du gouvernement : les mines d'or et les gisements de diamants. Ce faisant, les garçons enfants soldats répriment, kidnappent, violent, tuent et sèment dans les rues un climat de peur tandis que les jeunes filles, si elles ne tuent pas, sont utilisées comme des appâts ou sont contraintes à se plier aux désirs sexuels de leurs supérieurs[28].

---

[27]   Robert CORNELLIER, Patricio HENRIQUEZ et Raymonde PROVENCHER, « Enfance assassinée », Macumba International, Série Extremis, Télé-Québec, 2001.

[28]   China KEITESI, *La petite fille à la kalachnikov : ma vie d'enfant-soldat*, Bruxelles, Éditions GRIP, 2004, p. 264.

1.3.2   De la vulnérabilité des recrutés ou des futurs enfants soldats

Si les enfants se laissent enrôler dans des groupes paramilitaires pour ensuite s'impliquer dans des conflits armés, c'est parce que beaucoup d'entre eux sont incapables – à l'exception d'un recrutement forcé – de résoudre des problèmes économiques pressants : la pauvreté leur interdit de répondre à leurs besoins essentiels (souvent les groupes armés leur donnent de la nourriture, des vêtements et de l'argent). Il y a des enfants qui s'engagent dans des groupes armés à cause d'un sentiment patriotique ou par l'envie de combler leur rêve d'enfance grâce à la violence qu'ils ont vue dans les medias. D'autres enfants s'enrôlent pour se protéger ou protéger leur famille menacée par des membres de groupes radicaux. À cause de leur innocence, leur infériorité physique, leur incapacité intellectuelle ou leur « immaturité », ces enfants se laissent manipuler par des propagandes qui dictent leurs actions. Cet aspect de « lavage de cerveaux » de la jeunesse apparaît dans différents conflits à travers le monde. En effet, avant le génocide au Rwanda, les stations de radio pro-gouvernementale jouaient déjà la carte de la propagande dans le but de mobiliser la jeunesse Hutu. La Radiotélévision Libre des Mille Collines (RTLM), en particulier, incite le groupe majoritaire Hutu à la violence contre la minorité Tutsi : « Les *inkotanyi* (les Tutsi) sont d'une férocité inégalable. Ces sont des hyènes parmi les hyènes, plus méchants que le rhinocéros…les cancrelats tutsis ont soif de sang (…) nous devons combattre les *inkotanyi tutsi*, les exterminer, les balayer dans tout ce pays parce qu'il n'y a pas de refuge pour eux! Nous les exterminerons beaucoup plus facilement qu'il s'agit d'une seule ethnie. Regardez la taille d'une personne, voyez son joli petit nez et ensuite cassez-le! Nous devons prendre des bâtons, des gourdins, des machettes et charger pour les empêcher d'abîmer notre pays »[29]! Avec ce genre de

---

[29]   *Supra*, note 24.

9

discours de la RTLM, Simon Dring[30] comprend très bien le problème de la propagande auquel est confronté un enfant-soldat. Dans son allocution sur l´état psychologique de l´enfant durant la guerre, il affirme qu´un jeune soldat qui commet un crime pour obéir aux ordres, ou parce qu´il est poussé par des circonstances ou par sa propre peur, éprouve des émotions terrifiantes; au bout du compte, « seule l´éducation nous empêche de commettre de tels crimes ».

1.4 Les effets du recrutement des enfants

Il ne peut y avoir de causes sans effets quand l'enrôlement de ces enfants dans des forces armées nationales ou dans des groupes armés est basé sur des facteurs sociaux, politiques et économiques de ces pays. Une fois recrutés, ces enfants sont exposés aux pires dangers et subissent les pires souffrances, tant psychologiques que physiques. En effet, selon le rapport de Graça Machel qui a conduit à la création du premier mandat en faveur des enfants touchés par la guerre, les enfants soldats – enlevés, détenus dans des camps militaires et contraints à tuer – ont vécu et subi des expériences traumatisantes[31].

1.4.1   Les effets immédiats

Les effets immédiats sur l´état physique et mental des enfants ont un lien direct avec leur recrutement dans des conflits armés. Ces conséquences sont aussi très visibles. Ces enfants peuvent souffrir d'anxiété parce qu'ils sont séparés de leur famille. Ces enfants peuvent avoir des cauchemars ou devenir insomniaques et ils peuvent cesser de

---

[30]   Directeur général de EKNSHEY Television et ancien journaliste du Daily Telegraph; le seul journaliste étranger qui a couvert la guerre d´indépendance du Bengladesh entre le Pakistan en 1971. *Infra*, bibliographie, Raymonde PROVENCHER, « War Babies », Macumba International, Télé-Québec, 2002.

[31]   *Supra*, note 26.

jouer et de rire, perdre l'appétit et fuir tout contact. Le pire des effets c'est quand l'enfant a été contraint de tuer d'autres enfants soldats qui tentaient de déserter. C'était le cas d'un enfant angolais qui, après avoir fait deux tentatives de suicide, a été accusé de trahison et a dû subir des mauvais traitements et des tortures[32].

1.4.2 Les effets à long terme

Le recrutement des enfants et les effets de la guerre sur ces enfants vont laisser des séquelles physiques et psychologiques graves qui vont se manifester sous forme de violence. Ces jeunes enfants peuvent avoir du mal à se concentrer en classe. Les enfants plus âgés et les adolescents peuvent devenir anxieux ou déprimés, perdre tout espoir en l'avenir ou adopter un comportement agressif[33]. En fait, selon le Père Chama Caballero, directeur du Camp St-Michæl à la Sierra Leone[34], « sur le plan psychologique, ils sont totalement tous démolis » pour la vie. Cet aspect psychologique des conflits armés joue une influence importante sur d'autres aspects, tels que les aspects juridiques par rapport à la délinquance de l'enfant dans la société. Aussi, « les abus sexuels concernant les garçons, et plus particulièrement les filles, pendant leur recrutement militaire peuvent avoir d'importantes implications socioculturelles qui risquent d'influer de manière négative sur leur (…) réintégration sociale après leur démobilisation »[35].

---

[32] *Supra*, note 21.

[33] *Supra*, note 26.

[34] *Supra*, note 27.

[35] HAUT COMMISSARIAT, *op. cit.*, note 19, p. 79.

CHAPITRE 2

Le Statut Paradoxal Des Enfants Soldats: Victimes Et Agresseurs

Pour le droit international, la notion d'enfants soldats défie la distinction traditionnelle entre la catégorie des enfants et celle des adultes[36]. En général, « si on ne reconnaît pas chez les enfants soldats les attributs qui sont liés à l'enfance (comme la vulnérabilité), on ne reconnaît pas non plus ceux qui sont nécessaires pour être des soldats adultes (le sens de la responsabilité, l'éthique de la guerre) »[37]. Dans ce cas, le droit international reste ambigu face au statut juridique des enfants soldats et hésite entre le concept de victimes et celui d'agresseurs. Il existe en effet un paradoxe dans la définition même de l'enfant soldat : l'enfant est une victime et un agresseur. Compte tenu de l'ignorance de ce paradoxe, au niveau du droit international, l'enfant devient ainsi une cible plus facile pour le recrutement et cela l'encourage à perpétuer ses actes de délinquance. Enfin, comme on l'a déjà mentionné au niveau des effets immédiats et à long terme, ce paradoxe engendre aussi des conséquences graves sur l'état physique et mental de l'enfant.

---

[36] N. ARZOUMANIAN et F. PIZZUTELLI, *loc. cit.*, note 3, p. 827.

[37] Alcinda HONWANA, *Innocents et coupables: les enfants soldats comme acteurs tactiques*, dans Université du Cap, Le Dossier/Politique africaine, « Enfants, jeunes et politique », Cap, 2000, n° 80, p. 59.

2.1 Le concept d' « enfant victime »

Une victime, selon le dictionnaire de droit international public, est une personne ayant subi un préjudice en conséquence d'un fait internationalement illicite. Aussi, « on entend par victimes des personnes qui, individuellement ou collectivement, ont subi un préjudice, notamment une atteinte à leur intégrité physique ou mentale, une souffrance morale, une perte matérielle, ou une atteinte grave à leurs droits fondamentaux, en raison d'actes ou d'omissions qui enfreignent les lois pénales en vigueur dans un État membre, y compris celles qui proscrivent les abus criminels de pouvoir »[38]. Ainsi, l'expression « les victimes de la guerre » contient des termes généraux qui, bien que n'ayant pas de sens technique dans le droit international, désignent l'ensemble des personnes que le droit international humanitaire cherche à protéger et qui sont affectées par les effets d'un conflit armé. L'impact des conflits armés sur des enfants démontre que des milliers de filles sont victimes de viol et d'autres formes de violence sexuelle et l'enlèvement des enfants est devenu de plus en plus systématique et généralisé[39]. Aussi, depuis 2003, plus de 14 millions d'enfants sont forcés d'abandonner leur foyer, qu'ils soient à l'intérieur ou à l'extérieur de leur pays d'origine. Chaque année, entre 8 000 et 10 000 enfants sont tués ou mutilés par des mines[40]. Depuis le conflit armé en Bosnie[41], la communauté internationale considère urgent d'apporter une aide aux enfants soldats, particulièrement dans les cas où ils sont considérés comme des victimes, notamment lorsqu'ils ont été enlevés et recrutés de force.

---

[38] AG Rés. 40/34, 29 novembre 1985, § 1

[39] *Supra*, note 2.

[40] *Id.*

[41] CS Rés. 752, 15 mai 1992, § 7

2.2 Le concept d' « enfant agresseur »

Un agresseur, selon le dictionnaire de droit international public, est l'auteur d'un acte d'agression. Cette définition est entérinée par la Commission du droit international de l'ONU qui définit un agresseur comme étant « tout individu qui, en qualité de dirigeant ou d'organisateur, prend part active dans – ou ordonne – la planification, la préparation, le déclenchement ou la conduite d'une agression commise par un État »[42]. Certes, si cette agression doit être commise par un État, l'individu qui travaille pour cet État en tant qu'agent de cet État est lui aussi responsable. Cependant, un enfant peut-il être un agent d'un gouvernement et être responsable d'un crime contre l'humanité en tant qu'agresseur? Dans certains cas, comme celui de Lucien Badjeko, l'enfant peut être considéré comme un agresseur. Lucien, comme il l'explique dans son ouvrage[43], s'est enrôlé volontairement dans l'armée congolaise durant le règne de Laurent Kabila qui était un rebelle et, plus tard, président de la République Démocratique du Congo (RDC). Lucien, né d'une famille aisée, vient de réaliser son rêve de devenir un « Rambo » ou un « Schwarzenegger » africain. Après s'être engagé volontairement dans l'armée congolaise, il est promu *afande*[44]. Cette nouvelle promotion lui a permis d'entraîner des enfants nouvellement recrutés et de violer des filles. Aussi, en tant que commandant, il a le pouvoir de vie et de mort sur certains de ses soldats qui sont plus âgés que lui. Il ordonne même à ces soldats d'attaquer des bases militaires et d'autres points stratégiques. Si le cas de Lucien Badjeko est bien documenté, il en existe d'autres qui ne le sont pas.

---

[42]   Art. 16 ACDI

[43]   Lucien BADJOKO et Katia CLARENS, *J'étais enfant-soldat : le récit poignant d'une enfance africaine*, Paris, Éditions Plon, 2005, p. 162.

[44]   Signifie *chef* ou *commandant* en langue Swahili.

2.3 Les conséquences du statut paradoxal de l'enfant soldat

Au niveau du droit interne et international, « l'association des termes d'enfant et de soldat relève d'un paradoxe, dans la mesure où ces enfants soldats se situent dans l'espace interstitiel entre ces deux catégories »[45]. Le statut paradoxal de l'enfant soldat amène des conséquences sur l'état physique et psychologique de l'enfant une fois devenu adulte. L'enfant soldat, mentalement et physiquement handicapé, peut devenir une menace pour lui-même et son environnement. Il existe aussi des implications socioculturelles qui risquent d'influencer de manière négative la réunification des familles ou la réintégration sociale des enfants soldats après leur démobilisation[46]. Sans une forme de réhabilitation avant de retourner dans son environnement, l'enfant va probablement être rejeté et diabolisé par ses pairs.

Marginalisé et dépourvu d'une aide sociale et d'un support familial, l'enfant – maintenant sans foi ni loi – n'a qu'à se rapporter à sa « base » pour devenir une nouvelle pierre de lance d'un nouveau groupe armé à la solde d'un gouvernement ou d'un État corrompu afin de perpétrer des actes qui deviennent de plus en plus choquants. Cependant, tant qu'on ne décide pas de se pencher sur le statut juridique et paradoxal des enfants soldats, entre victimes et agresseurs, les groupes armés et les forces gouvernementales continueront à utiliser ces enfants et à les équiper. En revanche, si on acceptait l'idée que ces enfants soldats sont à la fois victimes et agresseurs, la justice internationale serait mieux en mesure de prendre en charge ces enfants, qui seraient réhabilités selon les normes internationales. Le droit international, en l'occurrence les membres de la communauté internationale, serait obligé d'établir une cour internationale de justice

---

[45] A. HONWANA, *op. cit.*, note 37, n° 80, p. 59.

[46] HAUT COMMISSARIAT, *op. cit.*, note 19, p. 79.

juvénile avec le seul but de prendre en charge les dossiers concernant les crimes de génocide et les crimes contre l'humanité commis par ces enfants guerriers. En établissant cette cour de justice et en jugeant ces enfants, le droit international serait en mesure de prévenir d'autres recrutements et d'apporter une aide efficace à la réhabilitation de ces jeunes. Car, l'enfant sachant qu'il va être jugé par une haute cour de justice internationale serait capable, à l'exception des recrutements forcés, de refuser volontairement de s'engager dans un groupe armé.

En effet, dans certains cas, un enfant a la capacité de penser et de raisonner qui paraît être parfois supérieure à l'adulte. Par exemple, lorsque le droit naturel affirme qu'il est immoral de tuer et que le droit positif déclare le meurtre illégal, l'enfant comprend très bien que ce n'est pas bon de tuer. Alors que l'enfant l'admet et le comprend sans équivoque, l'adulte lui va chercher une raison ou un critère pour dire que donner la mort à quelqu'un, dans certaines circonstances spécifiques – telles que guerre, légitime défense, etc. – est une chose justifiable. Le raisonnement est simple chez l'enfant tandis qu'il est complexe chez l'adulte. En fait, de manière générale, les enfants de 8 à 12 ans répondent avec autant de pertinence que les adultes à des questions logiques faisant appel à leur capacité de raisonnement[47]. Donc, certains enfants ont le choix de s'enrôler ou non dans un groupe armé. En pareil cas, un enfant qui commet des « crimes graves » devrait être en mesure de comparaître devant la cour internationale de justice juvénile[48]. Cela ne signifie pas que cet enfant devrait être jugé

---

[47] Jean BARATGIN and Ira NOVECK, « Not only base rates are neglected on the engineer-lawyer problem: An investigation of reasoners under utilization of complementary », (2000), 29 M. and R. 86. *Infra*, Annexe (figure 1).

[48] Il y a sept « crimes graves » qui sont appelés « péchés mortels » par la justice américaine : homicide, viol de force, mutilation, kidnapping, assaut aggravé, trafic de drogue et vol à main armée. Si ces crimes sont commis par un jeune de moins de dix-huit ans, selon le cas, ce jeune devrait être jugé comme un adulte. Cf. *Juvenile Justice and Delinquency Prevention Act*, 42 U.S.C. § 5601 (2002).

comme un adulte; mais, l'idée de donner justice aux victimes des actes commis par un enfant soldat devrait être une priorité.

En fait, paradoxalement, la comparution des enfants soldats devant la cour internationale de justice permettrait de rendre des décisions plus centrées sur les besoins de réhabilitation de ceux-ci. On sait que certaines normes de droit international balisent l'administration de la justice pour mineurs, essentiellement afin d'assurer le respect des droits et libertés des enfants dans le cadre du processus judiciaire[49]. Ces normes s'inscrivent toutefois dans une logique où il revient aux États, et non à la justice internationale, de décider quelles sont les orientations pertinentes en matière de délinquance juvénile. Or, certains pays ont des réactions extrêmement répressives lorsqu'ils sont confrontés aux crimes que commettent les enfants soldats. Ainsi, et ce malgré l'interdiction internationale de recourir à la peine de mort contre les mineurs[50], la République Démocratique du Congo (RDC) a rendu un verdict de peine capitale contre des enfants soldats. Des jeunes, comme Babuyu Oleko, Nanasi Kisala et cinq autres enfants soldats, ont tous été jugés par un tribunal militaire à la RDC[51]. Oleko est mort en prison, Kisala fut libéré et les cinq autres ont vu leurs peines capitales commuées en prison à perpétuité, puis ont bénéficié d'une grâce présidentielle qui les laisse purger une peine de cinq ans en prison pour les crimes commis[52]. En affirmant vouloir se concentrer sur les recruteurs, le droit international abandonne ni plus ni moins

---

[49] *Règles minima concernant l'administration de la justice pour mineurs* (Règles de Beijing, 29 novembre 1985), *Règles pour la protection des mineurs privés de liberté* (14 décembre 1990), *Principes directeurs pour la prévention de la délinquance juvénile* (Principes directeurs de Riyad, 14 décembre 1990) et les *Directives* (de Vienne) *relatives aux enfants dans le système de justice pénale* (21 juillet 1997).

[50] ACT 50/007/2002, 25 Septembre 2002

[51] COD 270401.4.EE, 19 mai 2003

[52] *Id.*

les enfants soldats aux caprices d'une justice interne qui peut être insensible à leurs traumatismes et à leurs criants besoins rééducatifs.

Pourtant, tenir l'enfant responsable de ses crimes n'a de sens que dans la mesure où la peine qu'il reçoit est conforme aux principes de réhabilitation et de réparation qui doivent animer la justice pour mineurs, comme en témoignent avec éloquence les normes internationales pertinentes. Or, dans un État de non droit, le système juridique est inapte à rendre justice aux victimes et qui plus est, dans les rares cas où les crimes des enfants soldats sont jugés, les sanctions imposées paraissent influencées par la vengeance plus que tout autre chose. Pourtant, la justice juvénile ne doit pas être punitive, mais fondée sur des objectifs de réhabilitation et de réparation. La justice pour mineurs cumule plusieurs objectifs : responsabiliser les jeunes contrevenants par rapport à leurs victimes et à leur communauté pour les offenses commises, puisque les citoyens doivent vivre dans une communauté sûre et sécuritaire, mais également et ultimement réduire le crime et la victimisation de la jeunesse par des programmes de prévention appropriés. Les jeunes (victimes et agresseurs) qui relèvent de ce système ne devraient en sortir que lorsqu'ils sont prêts à devenir des membres responsables et productifs dans leurs communautés. Le refus du droit international d'accepter le double statut des enfants soldats permet à certains gouvernements d'abuser et de violer doublement les droits et les libertés de ces enfants au lieu de les aider à devenir des citoyens responsables. Car, d'une part, l'enfant [agresseur] est utilisé par un seigneur de la guerre pour accomplir ses sales besognes; d'autre part, une fois le travail accompli, l'enfant [victime] serait emprisonné ou exécuté sous l'ordre de ce même seigneur de la guerre devenu parfois chef d'État.

2.3.1   Une ouverture au recrutement systémique des enfants

La problématique des enfants soldats africains a permis à ces enfants de devenir des spécimens dans l'étude de l'impact des conflits armés sur les enfants[53]. En fait, « le Libéria, la Somalie et le Rwanda ont dévoilé dans toute son horreur l'incapacité où se trouve l'Afrique de résoudre ses conflits et ses tragédies humanitaires »[54]. En effet, « la persistance de l'injustice sociale et la discontinuité des processus démocratiques se sont conjuguées pour susciter ces tragédies »[55]. Ces tragédies, en particulier le recrutement des enfants dans les groupes paramilitaires et dans les forces armées, continuent à se perpétuer dans d'autres parties du monde où l'on constate les mêmes formes d'injustice sociale qui sont dues en partie à la mauvaise gestion des affaires publiques. Cependant, quand on parle de « mauvaise gestion », on parle aussi de « l'incompétence » et de « la corruption » qui lient souvent les dirigeants politiques discrédités voulant exploiter la population pour se maintenir au pouvoir.

Dans ces laboratoires pleins de tragédies, le statut paradoxal de l'enfant soldat permet à l'enfant d'être une cible plus facile pour le recrutement. D'une part, facile à manipuler avec son rêve de sauver sa patrie ou d'aider sa famille et de devenir un leader dans ses propres rangs, l'enfant [agresseur] peut délibérément violer et tuer à sa guise et se considérer toujours comme une victime suite aux conflits armés ou quand le rapport de force est renversé. D'autre part, dans une situation de dépendance et sous forte pression d'un chef, l'enfant [victime] se maintient à couvert en commettant des actes barbares pour bénéficier

---

[53]   N. ARZOUMANIAN et F. PIZZUTELLI, *loc. cit.*, note 3, p. 827.

[54]   *Déclaration de la première Consultation régionale sur l'impact des conflits armés sur les enfants dans la Corne de l'Afrique et en Afrique Orientale, Centrale et Australe.* Addis-Abeba, 17-19 avril 1995.

[55]   *Id.*

de la grâce et des bienfaits de son patron. En plus, lorsque l'enfant [victime] n'a pas de famille pour le supporter après sa démobilisation, cet enfant n'a rien à perdre ou à gagner et il pourrait se faire recruter à nouveau, décider de mener une vie de crimes et de débauches. En acceptant le double statut de l'enfant soldat, le droit international serait en mesure de renforcer ses mécanismes de contrôle en mettant sur pied de vrais programmes de prévention, de conscientisation et de propagande contre le recrutement. Une manière d'être proactif par rapport à l'impact des conflits armés sur les enfants.

Le recrutement systémique des enfants est un fléau mondial. Les problèmes qui se rattachent au recrutement, à l'utilisation et à l'implication de ces enfants dans les conflits armés sont multiples. On ne peut pas ignorer que ces enfants qui sont à la solde des seigneurs de la guerre en Afghanistan, en Indonésie, en Colombie, en Haïti et dans d'autres parties du monde sont autant des agresseurs que des victimes. En fait, l'Ougandaise China Keitetsi, maintenant une adulte, explique que certains de ces enfants soldats « donnaient l'impression d'avoir déjà de l'expérience, d'autres étaient aussi nouveaux et inexpérimentés » dans l'apprentissage de se mettre à l'abri et d'attaquer à la baïonnette[56]. Au Darfour, au Congo-RDC, en Palestine, en Irak et ailleurs, la même situation se répète : des enfants naïfs et innocents vont devenir de véritables machines et des enfants guerriers.

2.3.1.1   L'impunité pour les recruteurs ou seigneurs de la guerre

Le recrutement systémique des *kadogos*[57] se fait sans crainte. Les seigneurs de la guerre solidifient leur pouvoir par des arrestations arbitraires, des exécutions sommaires et des disparitions forcées. Les groupes armés continuent à commettre des viols et d'autres formes

---

[56]   C. KEITESI, *op. cit.*, note 28, p. 90.

[57]   *Enfants-soldats* ou *les petites choses de rien du tout* (en langue Swahili).

de violence sexuelle. En plus des viols massifs et des mutilations, ces seigneurs de la guerre ne craignent pas de commettre des meurtres, des actes de torture, de massacrer des civils et des opposants, de piller des magasins et des maisons privées, d'incendier des habitations et de raser entièrement des villages.

Depuis plusieurs décennies de conflits armés à travers le monde, aucuns seigneurs de la guerre n'a jamais été questionnés par rapport au recrutement systémique des enfants. En fait, Thomas Lubanga Dyilo – chef de l'Union des Patriotes Congolais (UPC) – est devenu « le seul chef de guerre inculpé après avoir été accusé d'enrôlement et de conscription d'enfants soldats ainsi que de leur utilisation pour les faire participer activement au conflit armé en Ituri[58] », une province de la République Démocratique du Congo (RDC). Cependant, on se demande pourquoi la Communauté internationale a décidé maintenant de mettre la main au collet de Thomas Lubanga. Parmi tous les seigneurs de la guerre qui vivent à Kinshasa, Kampala et à Kigali, pourquoi Lubanga? Il y a peut-être deux hypothèses que l'on peut avancer quant à cette action venant des autorités internationales. L'une est tirée d'une déclaration de l'avocat de Lubanga, Jean Flamme, de nationalité Belge : « On poursuit des gens qui n'ont ni moyens politiques, ni moyens financiers. Mais ceux qui ont des parrains au niveau national et international en sortent indemnes »[59]. Cette déclaration de Me Flamme signifie-t-elle que des pays très puissants et membres de la Communauté internationale préfèrent fermer les yeux sur le recrutement systémique des enfants à cause de leurs intérêts personnels dans la région? La deuxième hypothèse est basée sur le

---

[58] Didier SAMSON, « Justice Internationale : Un chef de guerre congolais devant la CPI », Radio France Internationale, 20 mars 2006.

[59] Stéphanie MAUPAS, « Un ancien chef de guerre congolais poursuivi pour avoir recruté des enfants soldats », Radio France Internationale, 9 novembre 2006.

meurtre de neuf casques bleus bengalais, membres de la mission de paix de l'ONU, en février 2005. Suite à ces meurtres, les organisations internationales étaient convaincues de l'implication directe de Thomas Lubanga dans les violences en Uturi et avaient commencé à préparer un dossier sur les « crimes graves »[60].

De fait, est-ce que la Communauté internationale devrait attendre que les siens, les casques bleus, soient tués avant d'agir afin de ne pas répéter les erreurs du passé, particulièrement comme c'était le cas durant le génocide au Rwanda? Si oui, comment peut-on évaluer la vie des milliers d'Africains comparativement à la vie de neuf casques bleus? On peut se demander si l'arrestation de Lubanga est de bonne foi et sincère, si elle vise réellement à mettre fin à l'enrôlement et à la conscription d'enfants soldats.

En fait, si l'arrestation de Lubanga est de bonne foi et est faite dans le but de permettre à la Communauté internationale de mettre fin à l'enrôlement et à la conscription d'enfants dans les conflits armés, cette arrestation est justifiable et doit être appréciée. En effet, Thomas Lubanga – arrêté à Kinshasa et emprisonné au Pays-Bas – n'est pas un saint. Au Congo-RDC, on l'appelait le boucher d'Ituri et ses milliers d'enfants soldats, connus de tous et partout comme des *effaceurs*[61], pratiquaient une politique d'élimination systématique d'hommes, de femmes et d'enfants. En ce qui à trait à l'élimination physique et systématique des civils, le 31 août 2002, l'Union des Patriotes Congolais (UPC) a massacré le village de Songolo où plus de 140 femmes et enfants furent tuées dans leur sommeil. En novembre 2002, un autre massacre dans la ville de Mongbwalu a fait 200 morts. Plus tard, le 6 décembre 2002, un autre massacre a eu lieu cette fois-ci à

---

[60] *Supra*, note 58.

[61] Ce mot vient du mot anglais *Eraser*, qui est aussi le titre d'un film d'Arnold Schwarzenegger.

Kilo où des hommes, femmes et enfants ont été forcés de creuser leurs propres tombes[62]. On estime que cette pratique a causé la mort de plus de 60 000 civils et le déplacement de plus de 600 000 personnes hors de leur territoire[63]. Le cas des enfants Africains illustre bien la totale impunité qui existe face au recrutement systémique de ces enfants qui sont pour la plupart aidés une fois les conflits armés terminés. Là encore, il y a un autre problème. Les différents programmes de l'Organisation des Nations Unies (ONU), tel que le programme de désarmement, de démobilisation et de réinsertion (DDR) n'ont jamais été efficaces. Souvent aidés par les organisations à caractère bénévole, les gouvernements font un simulacre de cérémonie officielle de désarmement sans aucun intérêt de démobiliser et de réhabiliter ces jeunes enfants guerriers[64].

Et, que dit-on des programmes de surveillance contre l'enrôlement et la conscription des enfants dans les groupes armés? Très décevants. La réalité est différente spécialement lorsque le droit international est censé protéger les enfants: « La difficulté de surveiller et de documenter les violations les plus graves et l'application des normes internationales sur le terrain a entravé les efforts de plusieurs acteurs clés; les capacités actuelles de surveillance et de documentation de l'ONU sont limitées par les interventions ad hoc et une mauvaise coordination dans son propre système »[65].

---

[62] HUMAN RIGHTS WATCH, *Crimes commis par l'UPC en Ituri: 2002-2003*, Brussels, Human Rights Watch, 2006, p. 2.

[63] S/2004/573, 16 juillet 2004

[64] L. BADJOKO et K. CLARENS, *op. cit.*, note 43, p. 162.

[65] Olara OTUNNU, « Protéger les enfants en temps de guerre : Comment mettre en place un système de surveillance et de documentation efficace », (2004) 41 <u>Chro. des N.U.</u> 69.

2.3.1.2 La normalisation du recrutement des enfants

Selon certains, l'ambiguïté de la notion d'enfant soldat explique le « terrible dilemme »[66] posé par la question de la responsabilité de ces enfants dans l'hypothèse de leur inculpation éventuelle pour crimes de droit international[67]. En fait, la Cour pénale internationale n'a aucune compétence à l'égard d'une personne qui était âgée de moins de 18 ans au moment de la commission d'un crime[68]. La non-compétence de la Cour pour juger les enfants de moins de 18 ans résulte en une sorte de normalisation de leur recrutement. L'enfant agresseur et l'enfant victime, face à l'impunité accordée aux seigneurs de la guerre, se voient obligés de s'enrôler dans les groupes armés sans se soucier des différents impacts que cela peut avoir sur eux et autour d'eux. Alors que l'enfant [agresseur] voit des avantages à joindre un groupe armé, l'enfant [victime] – à l'exception de certains enfants qui s'habituent très vite – ne pourra jamais se conformer à cette nouvelle vie, mais obéirait à toute ordre juste pour survivre[69]. Bien que l'enfant [agresseur] ait souvent le choix de n'être pas recruté, l'enfant [victime], lui, est forcé d'être un destructeur de vies. Le seigneur de la guerre, de sa propre conduite, se félicite de la confusion que le droit international apporte au statut juridique de l'enfant-soldat et qui ne le tient pas non plus responsable du recrutement de ces enfants. Car, lorsque la loi n'est pas mise en branle pour contrer la violation des normes internationales, les violateurs n'ont rien à craindre.

Ce sentiment d'être au-dessus de la loi, vu le double statut juridique de l'enfant-soldat, amène les recruteurs ou seigneurs de la guerre à normaliser systémiquement le recrutement des enfants.

---

[66] S/2000/915, 4 octobre 2000, § 33

[67] N. ARZOUMANIAN et F. PIZZUTELLI, *loc. cit.*, note 3, p. 827.

[68] Art. 26 SR-CPI

[69] C. KEITESI, *op. cit.*, note 28, p. 90.

L'enfance, considérée déjà comme un « phénomène transitoire[70] », est projetée plus rapidement dans le monde des adultes. Lorsqu'il atteint réellement sa majorité, l'enfant est intégré dans les forces armées régulières et devient un soldat à part entière avec l'expérience qu'il a acquise de la guerre.

La course rapide au recrutement des enfants se fait partout. En 1996, au Zaïre, Laurent Kabila a politisé les enfants par des discours patriotiques[71] dans des endroits fréquentés par les jeunes. Cela lui a permis d'être à la tête de l'Alliance des Forces Démocratiques pour la Libération du Congo (AFDLC), un regroupement de rebelles armés composé particulièrement de 10 000 enfants soldats âgés entre 7 à 16 ans[72]. En novembre 2002, en République Démocratique du Congo (RDC), Thomas Lubanga est entré dans une école primaire et a rassemblé de force environ 40 élèves du 5ᵉ niveau pour qu'ils joignent son armée, l'Union des Patriotes Congolais (UPC). Cette même « opération a été exécutée à Solongo »[73]. Au Moyen-Orient, particulièrement en Palestine, de jeunes suicidaires porteurs de bombes, appelés les martyrs, se font exploser dans les rues de l'État d'Israël pour mettre fin à l'occupation des territoires palestiniens. En Colombie, la guérilla utilise des enfants soldats dans une guerre sans merci au Gouvernement colombien. En Haïti, dès 1994, les jeunes « *lavalassiens* » ou « *chimères* » sont armés pour mettre en déroute les opposants de leur leader Jean-Bertrand Aristide.

---

[70] R. HARVEY, *op. cit.*, note 22, p. 26.

[71] Adressés souvent aux jeunes par "l'appel du drapeau".

[72] INTERNATIONAL LABOUR ORGANIZATION, *Wounded childhood: Taking stock of ten years of civil war in Central Africa*, Geneva, ILO/IPEC, 2003, p. 5.

[73] HUMAN RIGHTS WATCH, *op. cit.*, note 62, p. 3.

2.3.1.3 L'utilisation et l'implication des enfants dans les conflits armés

L'utilisation et l'implication des enfants dans les conflits armés ne peuvent se réaliser sans que le droit international n'ait accordé cette impunité extraordinaire aux seigneurs de la guerre. L'impunité a aussi occasionné la normalisation du recrutement des enfants qui, avec un double statut juridique, n'ont pas de responsabilité pénale. La décision de la Cour pénale internationale, qui refuse catégoriquement de se pencher sur les dossiers de « crimes graves » commis par les enfants soldats de moins de 18 ans, a affecté la vie et l'environnement de ces enfants. D'un côté, l'enfant-soldat agresseur ou victime est mentalement et psychologiquement affecté pour le reste de sa vie. D'un autre côté, les actes barbares deviennent de plus en plus intenses avec une violence inouïe.

En refusant d'étudier ces dossiers, le droit international accepte que tout acte commis par un enfant soldat soit traité et pris en charge suivant les dispositions du droit interne. Or, fort souvent (lorsqu'on parle de l'Afrique où l'enrôlement et la conscription des enfants se font systémiquement), l'appareil judiciaire du pays qui va disposer du dossier de l'enfant est en conflit direct avec les normes internationales. Comment un gouvernement, qui ratifie certains instruments internationaux et régionaux, peut-il se soumettre au droit international quand ce même gouvernement viole, délibérément ou par ignorance, les droits qu'il est appelé à protéger? Pire encore, les autorités qui sont en charge de l'appareil judiciaire, pour administrer la justice aux mineurs, ont parfois elles-mêmes recruté des enfants[74]. Dans ce cas, comment peut-on accepter qu'un enfant soldat qui est accusé de crimes

---

[74] *Supra*, note 51, particulièrement *l'affaire Babuyu Oleko et Nanasi Kisala contre la Cour d'ordre militaire de la République Démocratique du Congo (RDC)*. *Infra*, Annexe (Figure 4, jurisprudence) E/CN.4/2002/74/Add.2, 8 mai 2002, § 240

de génocide ou de crime contre l'humanité soit jugé par un tel système judiciaire? Une seule raison : le droit international ne veut pas être tenu responsable et préfère ignorer le double statut de l'enfant soldat. On a estimé que plus de 2 millions d'enfants soldats sont morts à la guerre depuis dix ans et 4 à 5 millions sont blessés ou restés invalides. En plus, un million d'enfants soldats sont devenus orphelins au moment de leur recrutement et 300 000 sont actuellement impliqués dans les conflits armés à travers le monde[75].

En effet, selon le Canadien Roméo Dallaire, ancien colonel des forces onusiennes durant le génocide au Rwanda, les enfants sont utilisés comme instrument de guerre par un opposant contre un autre, particulièrement comme des boucliers[76]. En fait, on ne peut pas l'ignorer[77]. Mais, s'il faut comprendre que ces enfants sont utilisés par certains comme des boucliers, d'autres les utilisent comme de véritables machines de guerre. Des machines qui n'ont pas de pitié. Des machines qui torturent, détruisent et tuent. Certes, ce sont aussi des « profanateurs de vagins » et des « petites choses de rien du tout » qui utilisent très bien le viol comme une arme de guerre et une arme de destruction massive[78].

L'utilisation et l'implication des enfants dans les conflits armés en République Démocratique du Congo (RDC) ont eu un grand impact sur plusieurs générations d'enfants qui ont participé volontairement aux conflits armés. Entre 1996 et 1997, dans le but de renverser le dictateur Mobutu, Laurent Désiré Kabila avait enrôlé des milliers

---

[75] *Supra*, note 23.

[76] *Id.*

[77] C. KEITESI, *op. cit.*, note 28, p. 92.

[78] BOLYA, *La profanation des vagins: le viol comme arme de guerre et arme de destruction massive*, Paris, Éditions Le Serpent à Plumes, 2002, p. 85.

d'enfants face à l'avancée des troupes progouvernementales[79]. Kabila avait une croyance aveugle dans la force mortelle et dans la soumission de ces enfants soldats pour prendre le pouvoir. Il considérait ces enfants soldats comme ses propres enfants et il disait lui-même que « ses enfants » ne lui feraient aucun mal[80]. Une fois à Kinshasa, Kabila se proclama président sous la forte protection de son armée d'enfants. Mais, quelques années plus tard, les enfants soldats de Kabila étaient devenus des adultes et ils avaient développé leurs propres ambitions politiques après avoir compris qu'ils avaient été utilisés et manipulés. Suspectant une révolte parmi ces enfants soldats, Kabila leur donna une leçon amère : 47 *kadogos* furent dénombrés et exécutés pour trahison[81]. Le lendemain, le 16 janvier 2001, un enfant soldat appelé Rashidi Kasereka – un membre de sécurité rapprochée de la présidence – devait exécuter le seigneur de la guerre à son tour[82].

2.3.2   La délinquance systématique des enfants

Le banditisme et la délinquance juvénile sont en hausse à cause des séquelles psychologiques qui reproduisent la violence chez les enfants victimes des conflits armés[83]. Le fait d'être armé et d'utiliser cette arme donne le pouvoir d'être violent et agressif[84]. De fait, une fois que l'enfant est recruté et est devenu un soldat, il a le pouvoir de vie et de mort sur les civils et sur les prisonniers « de guerre » ou les gens qu'il a kidnappés ou violés. L'enfant soldat, qui paraît redoutable et

---

[79]   UNICEF, *Situation "Enfants soldats"*, Paris, Unicef France, 2004, p. 1-66.

[80]   Par respect, les enfants soldats appellent Kabila « le Sage » ou « le vieux » (Mzé) en langue Swahili.

[81]   Charles ONNYANGO-OBBO, « Why nobody's dancing on Kabila's grave », The East African, 19-21 February 2001.

[82]   Stephen SMITH, « Ces enfants soldats qui ont tué Kabila », Le Monde, 10 février 2001.

[83]   CRC/C/SR.548, 3 novembre 1999

[84]   *Supra*, note 30.

coriace, est jeune et il ne semble pas avoir de pitié. Parfois, il est le seul juge et il peut décider aujourd'hui, à cette heure et à n'importe quel moment, à qui devrait être infligée la prochaine peine capitale. Mis à part les actes de crime de guerre et de génocide qu'il commet durant les conflits armés, même après sa démobilisation, l'enfant peut être dangereux quoiqu'il soit lui-même une victime. Il oublie son double statut juridique particulièrement celui d'être considéré comme un agresseur à cause de sa quasi-immunité d'enfant soldat. Il est maintenant un enfant expérimenté qu'il serait facile de recruter à nouveau et un soldat qui ne contredirait pas ses supérieurs et qui aurait soif d'apprendre davantage l'art de la guerre et de tuer sans remords. Pour l'enfant, si le droit international accorde l'immunité à son recruteur, pourquoi n'y aurait-il pas droit lui aussi? Qui est-il, sinon un autre enfant soldat que le droit international va encore ignorer?

Le droit international définit un délinquant juvénile comme « un enfant ou un jeune, accusé ou déclaré coupable d'avoir commis un délit » lequel désigne tout comportement (acte ou omission) punissable par la loi en vertu du système juridique considéré[85]. Avec la suite de son recrutement dans un groupe armé et de son implication dans des conflits, l'enfant a été exposé à une violence structurelle qui a causé des impacts physique, social et psychologique sur sa personne. L'enfant, aux prises avec des traumatismes psychologiques et émotionnels qui engendrent des rancunes, des peurs et des haines, lesquels vont alimenter ses actions[86], commence à errer dans les rues en mendiant et s'adonnant à la délinquance[87]. L'enfant vétéran, mutilé de guerre, souffre aussi d'un handicap mental et physique. L'enfant combattant, en situation difficile, est maintenant en conflit avec la loi. Il devient

---

[85]   Article 2.2, Règles de Beijing. *Cf.* AG Res. 40/33, 29 novembre 1985

[86]   *Supra*, note 26.

[87]   *Déclaration de la ligue Burundaise des Droits de l'homme ITEKA à l'occasion de la journée internationale de l'enfant africain*, 16 juin 2002.

soit un enfant de rue, un toxicomane ou un réfugié[88]. Son statut juridique, quoique paradoxal, n'a jamais changé et l'enfant [victime ou agresseur] va reproduire la violence qu'il connaît bien. Pour le garçon, la tendance à utiliser la violence quand c'est nécessaire va être systématique. Il commence à mener une vie criminelle en passant tout d'abord par le refus de l'autorité des adultes, et ensuite, l'utilisation de la drogue, l'exclusion et d'autres formes de violence[89]. Cependant, il se pourrait que la toxicomanie ne soit pas suffisante ou nécessaire à l'enfant soldat, mais qu'il choisisse plutôt d'avoir un emploi dans la drogue et le trafic illicite d'armes à feu[90]. Pour la fille, qui a été recrutée dans le but d'être exploitée sexuellement, les traumatismes physiques et psychologiques sont plus sévères : des blessures ou pertes de la virginité, des problèmes psychologiques qui amènent une perte de dignité, une grossesse précoce, des maladies transmissibles sexuellement (VIH/SIDA), la prostitution et la violence[91].

2.3.2.1 L'implication des enfants dans des actes de délinquance

La cause principale de l'installation [dans notre société] de la délinquance juvénile n'est qu'une conséquence logique du recrutement de l'enfant dans la force publique [congolaise] afin de faire face aux guerres civiles[92]. Une fois que ces enfants commencent à errer dans les rues, des filles par exemple sont contraintes à la prostitution et sont ainsi plus exposées à des maladies sexuellement transmissibles[93].

---

[88] *Supra*, note 83.

[89] Synthèse des travaux et recommandations des enfants-délégués : Consultation régionale sur les violences contre les enfants en Afrique de l'Ouest et du Centre, Bamako, Mali, 24-25 mai 2005.

[90] SOWC/04/F/06, 14 septembre 2004

[91] *Supra*, note 89.

[92] Faustin B. LOKASOLA, « Profil et pistes de solution de la problématique de la délinquance juvénile en RDC », Société Civile, 11 juillet 2004.

[93] *Supra*, note 87.

En effet, au Nicaragua et au Salvador, les séquelles des conflits existent toujours. Ces enfants ont connu l'extrême violence et ils ont été exposés à la mort, au recrutement dans les forces armées et les groupes d'insurgés, à l'exécution de leur famille et à l'exil[94]. Les actes de délinquance commis par des enfants impliqués dans des conflits armés au Salvador continuent encore à être inventoriés tant dans leur pays d'origine que dans leur pays d'accueil malgré que ces enfants soient maintenant des adultes. Alors que la Mission d'observation des Nations Unies au Salvador (ONUSAL) avait réussi à mettre fin aux violations des droits de la personne qui ont été motivées par des raisons politiques, une nouvelle menace est née des cendres de la guerre, la violence urbaine, engendrant peur et insécurité dans le pays. Aujourd'hui, la criminalité est citée comme étant la première préoccupation de la majorité des Salvadoriens[95].

En fait, selon un rapport publié par l'Institut de l'Opinion publique à l'Université d'Amérique Centrale à San Salvador, « le plus grand facteur qui contribue à cette situation est l'essor des bandes qui sont nées dans ces zones urbaines après la fin de la guerre civile »[96]. Si pendant la guerre d'El Salvador, on estimait que 80 % des forces gouvernementales et 20 % des recrues du Front Farabundo Marti de Libération Nationale (FMLN) étaient âgés de moins de 18 ans, beaucoup de ces ex-enfants soldats ont laissé leur pays d'origine pour immigrer légalement ou illégalement. Les États-Unis d'Amérique est le pays où bon nombre de ces immigrants ont été accueillis et des ex-enfants combattants sont regroupés sous le nom de MS-13 dans les quartiers à forte concentration de Mexicains pour contrecarrer la

---

[94] *Supra*, note 26.

[95] Nicole HERTVIK, « El Salvador : le changement de l'intérieur », (2002) 39 <u>Chro. des N.U.</u> 85.

[96] *Id.*

discrimination et les abus des gangs locaux[97]. Ce groupe d'immigrants, qui au début luttait pour ses libertés et ses droits, est maintenant le plus redoutable groupe de criminels (The Third World Momentum) établi dans plus de 33 états américains[98].

Avec l'expérience militaire acquise dans des forces paramilitaires et des groupes de guérillas, ces ex-enfants soldats qui voyaient régulièrement la violence vont agir ou se défendre d'une manière instinctive par la violence. En effet, ils sont pour la plupart accusés de cambriolage, de vente de drogues, de contrebande d'armes à feu, d'extorsion, de vol de voitures, de prostitution, de kidnappings, d'agressions au couteau, de fusillades en voiture, de meurtres et de viols. En fait, l'un des ex-enfants soldats, Ebert Anibal Rivera, a été arrêté par la police du Texas en février 2005[99]. À part ses autres exploits paramilitaires au Honduras, Rivera était le leader notoire de la guérilla Mara Salvatrucha qui a mitraillé un autobus dans lequel 28 passagers ont trouvé la mort.

2.3.2.2 L'impunité pour les enfants soldats

Le recrutement des enfants dans des groupes armés est « une excuse ou un abus des détenteurs de pouvoir qui confient à un enfant le travail d'un adulte »[100]. Cependant, bien que l'enfant soit souvent utilisé comme un outil de terreur, on doit admettre que les

---

[97] Jim LEHER, « FBI targets MS-13 streets gang », PBS NewsHour Extra, 5 October 2005.

[98] Arian CAMPO-FLORES, « The most dangerous gang in America », Newsweek, 28 March 2006.

[99] Frosty WOOLDRIDGE, « MS-13 gangs: immigration's third world momentum », NewsWithViews.com, 14 April 2005.

[100] COMITÉ INTERNATIONAL DE LA CROIX-ROUGE, *Les enfants dans la guerre, Document de travail pour les délégués auprès des forces armées et de sécurité concernant la protection des enfants dans les situations de conflit armé et de troubles*, Genève, CIRC, 2004, p. 47-60.

violences utilisées par ces enfants durant ou après les conflits sont inexplicables. Ces enfants prennent part à tout. Pour beaucoup d'entre eux, « tuer et torturer était une tâche passionnante, une manière de satisfaire leur supérieur. Les enfants savaient faire preuve de la plus grande brutalité envers les prisonniers de guerre dans le seul but d'être promus à un rang supérieur »[101]. Ces enfants perpétuent leurs actes de « délinquance » et savent qu'ils ne seront pas tenus responsables de ces actes à cause de leur statut de victime.

Selon le droit international, la responsabilité pénale est un « moyen de dissuasion » qui est souvent utilisé par la voie de la répression, comme « meilleur moyen de décourager les criminels et de protéger les innocents »[102]. S'il en est ainsi, pourquoi le droit international ne s'engage-t-il pas à prendre en charge le cas de ces enfants soldats qui ont de très bonne capacité de discernement et de compréhension sur le champ de bataille et dans leurs agissements délinquants aveugles? Et, pourquoi le droit international cherche-t-il à faire témoigner ces enfants dans des cas d'atrocités sans toutefois les aider à surmonter leurs traumatismes psychologiques qui sont liées à la violence?

Le droit international considère que l'enfant-soldat [agresseur] est un mineur, c'est-à-dire « un enfant ou un jeune qui, au regard du système juridique considéré, peut avoir à répondre d'un délit selon des modalités différentes de celles qui sont appliquées dans le cas d'un adulte »[103]. Le droit international reconnaît également que « le seuil de la responsabilité pénale varie d'un pays à l'autre »[104] et

---

[101] C. KEITESI, *op. cit.*, note 28, p. 101.

[102] *Supra*, note 26.

[103] *Supra*, note 85.

[104] COMITÉ INTERNATIONAL DE LA CROIX-ROUGE, *op. cit.*, note 100, p. 50.

que « la répression doit inspirer la peur du gendarme »[105]. Dans un contexte où l'âge de la responsabilité pénale est aléatoire, le droit international ne devrait-il pas tenir les enfants soldats responsables de leurs actes[106]? Les normes internationales relatives à l'administration de la justice pour mineurs et autres instruments internationaux ne seront pas respectées tant que le droit international ne reconnaîtra pas l'ambiguïté qui existe dans le statut juridique de l'enfant soldat. Cette ignorance du droit international ouvre la porte à l'impunité à l'égard des enfants agresseurs tout comme cela est accordé aux seigneurs de la guerre. L'impunité, soit l'absence de punition après la commission d'un acte considéré illégal par la loi, est manifeste quand les enfants soldats peuvent agir sans dommage pour eux-mêmes ou quand ils ne s'exposent à aucun risque ou à aucun inconvénient.

Il est difficile pour nous d'ignorer le paradoxe qui existe dans la définition de l'enfant soldat en tant que victime et agresseur. Certes, l'impact des conflits armés sur les enfants cause des traumatismes physiques, sociaux et psychologiques et les séquelles psychologiques et émotionnelles qui engendrent la reproduction de la violence chez ces enfants victimes devenant ainsi des agresseurs. Et, lorsqu'on ignore ce paradoxe, on donne place, d'une part, au recrutement systémique des enfants dans les groupes armés. En fait, en dépit du recrutement de ces enfants, le droit international accorde une impunité sans limite aux recruteurs et seigneurs de la guerre. Cela amène à la normalisation

---

[105] *Supra*, note 26.

[106] N. ARZOUMANIAN et F. PIZZUTELLI, *loc. cit.*, note 3, p. 844. *Cf. Convention relative aux droits de l'enfant*, article 40(3) (a). Voir aussi: Règles des Nations Unies pour la protection des mineurs privés de liberté, Résolution de l'Assemblée générale 45/113, UN Doc. A/RES/45/113, 14 décembre 1990, paragraphe 11(a). Si le droit international n'indique pas l'âge minimum de la responsabilité pénale, le Comité des droits de l'enfant a souvent remarqué que l'âge défini dans la législation d'un État était trop bas, voir Implementation Handbook for the *Convention on the Rights of the Child*, UNICEF, New York, 1998, pp. 551-552. En ce sens, voir aussi les « Règles de Beijing », règle 4.

du recrutement des enfants, à l'utilisation et à l'implication inconditionnelle des enfants soldats dans les conflits armés. D'autre part, la délinquance systématique des enfants [agresseurs] se tourne, durant et après les conflits, vers le banditisme exploitant ainsi les expériences acquises pendant la guerre.

Tout comme leurs agresseurs qui bénéficient de l'impunité, ces enfants soldats bénéficient eux aussi de cette impunité en tant que mineurs (ne pouvant pas être tenus responsables de leurs actions à cause de leur âge) et victimes de la guerre (en dépit d'un enrôlement volontaire et des actes commis ou « crimes graves »). Cependant, malgré le paradoxe constaté dans la définition de l'enfant soldat, le droit international reste ambigu face à son statut juridique. En effet, en dépit de la gravité des actes commis par ces enfants soldats, le droit international pense qu'il ne peut y avoir de cour internationale de justice juvénile et que ces enfants ne sont pas responsables de leurs propres actions. Car, « lorsque ce sont de jeunes enfants qui sont accusés de crimes de guerre, il faut évidemment songer à les rééduquer et non à les juger ou à les punir »[107]. Par contre, si ces enfants doivent être tenus responsables, ils doivent être pris en charge par le droit interne suivant la législation nationale relative à la responsabilité pénale de ces enfants afin de « ne pas risquer de conflits entre le Statut [de la Cour pénale internationale] et les juridictions nationales à propos de l'âge minimal de la responsabilité pénale »[108].

De fait, si le droit interne de la République Démocratique du Congo (RDC) était assez efficace pour arrêter, juger et condamner à mort des enfants soldats comme Babuyu Oleko et Nanasi Kisala, pourquoi ce même outil juridique n'a-t-il pas été également utilisé

---

[107] *Supra*, note 26.

[108] *Supra*, note 3. *Cf.* Roger S. CLARK and Otto TRIFFTERER, «Article 26: Exclusion of jurisdiction over persons under eighteen », p. 496-497.

afin de juger le seigneur de la guerre Thomas Lubango, accusé d'avoir pratiqué systémiquement l'enrôlement et la circonscription d'enfants soldats, et ainsi rendre justice à ses milliers de victimes? En fait, ce sont les soldats de l'ONU qui ont décidé d'arrêter Thomas Lubango. Si d'une part, les instruments du droit international ne permettent pas une condamnation à mort pour le seigneur de la guerre au niveau de la Cour pénale internationale, les outils du droit interne peuvent-ils être utilisés aveuglement contre les enfants soldats?

Vu le malaise du droit international à considérer ces enfants comme des agresseurs, il est impératif de savoir comment les mécanismes internationaux du droit international humanitaire et du droit international des droits de la personne envisagent la problématique de la délinquance des enfants soldats, particulièrement lorsque ces enfants sont à la fois victimes et agresseurs.

PARTIE II

L'indétermination Du Droit International Par Rapport Au Statut Juridique Des Enfants Soldats

CHAPITRE 3

Le Rôle Du Droit International Dans La Protection Des Droits De L'Enfant

Le droit international humanitaire et le droit international des droits de la personne jouent un très grand rôle dans la protection des droits de l'enfant surtout lorsqu'il s'agit d'enfants qui sont impliqués dans les conflits armés à travers le monde. En fait, le droit international humanitaire édicte des obligations pour les belligérants et des droits pour les personnes protégées qui sont victimes de la violence dans les conflits armés[109] tandis que le droit international des droits de la personne a trait à la reconnaissance juridique de la dignité humaine et de l'égalité entre les hommes, les femmes et les enfants[110]. Les instruments relatifs aux droits de l'homme devaient particulièrement énoncer les normes à respecter et le droit humanitaire devait s'efforcer de contenir leurs débordements[111].

3.1 L'enfant et les règles internationales du droit humanitaire

Le droit international humanitaire cherche à réglementer les méthodes de la guerre et le traitement de ceux qui participent ou qui ne participent pas à la guerre, c'est-à-dire le comportement des combattants[112], des prisonniers de guerre, des soldats blessés et des

---

[109] Françoise BOUCHET-SAULNIER, *Dictionnaire pratique du droit humanitaire*, Paris, La Découverte & Syros, 2000, p. 163.

[110] *Id.*, p. 156.

[111] *Supra*, note 26.

[112] F. BOUCHET-SAULNIER, *op. cit.*, note 109, p. 56. *Cf.* Article 43

civils. Il statue aussi sur les obligations de ces combattants et sur ce qu'ils doivent faire ou ne pas faire. Le droit international humanitaire représente le noyau dur des droits de la personne et il est appliqué pendant et après les conflits. Ces combattants doivent non seulement respecter les droits et libertés fondamentales de chaque individu, mais aussi ils ne doivent pas déroger à certains droits, tels que les droits à la liberté et à la vie, les droits contre la torture, des peines ou traitements cruels et inhumains ou dégradants. Étant donné que les enfants soldats sont souvent utilisés dans les conflits armés non internationaux, et qu'ils peuvent être soit des commandants soit des individus armés qui font partie d'une force ou d'un groupe armé, ils sont obligés de respecter ces normes. Ces conflits non internationaux, appelés souvent « guerres civiles », sont des conflits qui se déroulent sur le territoire d'un État, entre des forces armées régulières et des forces armées dissidentes ou des groupes armés organisés.

3.1.1   L'âge limite pour la conscription de l'enfant soldat

En période de conflit, le droit international humanitaire assure à l'enfant une protection générale en tant que personne civile ne participant pas aux hostilités, ainsi qu'une protection spéciale en raison de sa qualité d'être particulièrement vulnérable et désarmé. En effet, le *Statut de Rome* de la Cour pénale internationale et le droit international coutumier affirment que le fait de procéder à la conscription ou à l'enrôlement d'enfants de moins de quinze ans dans

---

Protocole I CG définit le mot « combattant » comme tout membre des forces armées d'une partie au conflit, à l'exception du personnel sanitaire et religieux. C'est aussi un terme qui est essentiellement utilisé dans les conflits internationaux. Cependant, dans les conflits internes, le droit humanitaire n'utilise pas le terme « combattant », puisqu'il est difficile de déterminer ou de définir qui participe ou qui ne participe pas aux hostilités. On distingue entre les personnes qui prennent part aux hostilités et celles qui ne le font pas, en leur accordant, selon les circonstances, le bénéfice de la protection du statut de prisonnier de guerre ou de civil. *Infra*, Annexe (figure 2).

les forces armées nationales ou de les faire participer activement à des hostilités « constitue un crime de guerre, qu'il s'agisse d'un conflit armé international ou interne. La Cour pénale internationale pourra sous certaines conditions juger les auteurs de ces crimes, après l'entrée en vigueur de son statut »[113]. Les *Principes directeurs relatifs au déplacement de personnes à l'intérieur de leur propre pays*, ou *Principe 13* de l'ONU, déclarent qu' « en aucune circonstance les enfants déplacés ne doivent être enrôlés dans une force armée ou obligés ou autorisés à participer à des combats. Les personnes déplacées à l'intérieur de leur propre pays seront protégées contre les pratiques discriminatoires consistant à tirer parti de leur situation pour les enrôler dans des forces ou des groupes armés. En particulier, toute pratique cruelle, inhumaine ou dégradante visant à contraindre une personne déplacée à accepter d'être enrôlée dans un groupe armé ou à la punir en cas de refus est interdite en toutes circonstances »[114]. Il est aussi interdit d'enrôler les enfants de 15 à 18 ans et ces enfants ne peuvent pas non plus travailler quand ils ont moins de 15 ans[115]. En ce qui concerne les conflits armés non internationaux, le *Protocole II* est devenu le premier document international qui expose le problème des conflits non internationaux et qui décrit les garanties fondamentales à l'effet que les enfants de moins de quinze ans ne devront pas être recrutés dans les forces ou groupes armés, ni autorisés à prendre part aux hostilités[116]. La résolution 1261, adoptée par le Conseil de sécurité en 1999, a condamné le recrutement et l'utilisation des enfants dans les conflits armés[117]. Cependant, avec la résolution 1314, c'est pour la première fois, en l'an 2000, que la communauté internationale affirme

---

[113] Articles 8.2 (b) (26) et 8.2 (e) (7) SR–CPI

[114] Annexe 2, chapitre 10

[115] Article 77 Protocole I CG

[116] Art. 4.3 (c) Protocole II CG

[117] CS Res. 1261, 25 août 1999

que le recrutement et l'implication ou l'utilisation des enfants dans les conflits armés sont devenus des « violations systématiques, flagrantes et généralisées du droit international humanitaire et du droit relatif aux droits de l'homme, y compris aux droits de l'enfant » et que ces violations « peuvent constituer une menace contre la paix et la sécurité internationales »[118].

3.1.2   Crimes graves : entre réconciliation et poursuites judiciaires

La résolution 1379 affirme que les conflits armés ont des liens avec « le terrorisme, la contrebande de minéraux précieux, le trafic des armes légères et d'autres activités criminelles, qui sont susceptibles de prolonger ces conflits ou d'en aggraver les conséquences pour les populations civiles, enfants compris »[119]. La même résolution affirme que les gouvernements qui sont membres de l'ONU doivent « mettre fin à l'impunité et poursuivre les responsables de génocide, de crimes contre l'humanité, de crimes de guerre et autres crimes abominables commis contre des enfants, d'exclure autant que possible ces crimes des mesures d'amnistie et des actes législatifs du même ordre, et de veiller à ce que les mécanismes de recherche de la vérité et de réconciliation mis en place après les conflits s'occupent des abus graves dont les enfants ont été victimes »[120]. Enfin, c'est avec la résolution 1674 que le Conseil de sécurité affirme vraiment que les « mécanismes [de justice et de réconciliation, y compris les tribunaux pénaux internes, internationaux et « mixtes » ainsi que les commissions vérité et réconciliation] peuvent non seulement permettre d'établir la responsabilité d'individus à raison de crimes graves mais aussi promouvoir la paix, la vérité, la réconciliation et les droits des

---

[118]   CS Res. 1314, 11 août 2000, § 9

[119]   CS Res. 1379, 20 novembre 2001, § 9 (a)

[120]   *Id.*

victimes »[121]. Cette résolution rappelle aux États-membres qu'ils ont pour devoir de s'acquitter de l'obligation qui leur incombe de mettre fin à l'impunité et de traduire en justice quiconque est responsable de crimes de guerre, de génocide, de crimes contre l'humanité et de violations flagrantes du droit international humanitaire. Et, si ces États n'ont pas ces institutions et systèmes judiciaires nationaux indépendants, ils doivent les bâtir afin de rendre justice aux victimes et d'instaurer la paix.

3.2 L'enfant et les règles internationales des droits de la personne

Le droit international des droits de la personne cherche à promouvoir le respect par les États-membres des droits civils et politiques et des droits économiques, sociaux et culturels des citoyens. Les droits de la personne sont la reconnaissance juridique de la dignité humaine et de l'égalité entre les personnes et ces droits sont indispensables au développement de chaque individu. En dépit du fait que les droits de la personne ne sont pas spécifiquement rédigés pour protéger les gens durant les conflits armés, beaucoup de leurs articles trouvent application en pareil cas[122]. Les droits fondamentaux peuvent être consacrés dans des documents visant spécifiquement à les protéger, que ce soit sur le plan universel (i.e. *Charte internationale des droits de l'homme*[123]) ou régional (i.e. *Convention américaine relative aux droits de l'homme*[124]). Ces mêmes droits trouvent également leurs assises dans certaines conventions thématiques, qui peuvent, elles aussi, avoir une portée universelle ou régionale[125].

---

[121] CS Res. 1674, 28 avril 2006, § 7

[122] R. HARVEY, *op. cit.*, note 22, p. 8.

[123] Para. 1 et 6 (préambule), art. 2(1), 18 à 20 DUDH

[124] Para. 2 (préambule), art. 1(1), 12, 13, 15 et 16.

[125] F. BOUCHET-SAULNIER, *op. cit.*, note 109, p. 157. *Cf.* Quelques exemples de Conventions thématiques à vocation universelle de l'Organisation des

3.2.1   Les droits sociaux et politiques de l'enfant

Les droits et libertés sociaux et politiques des enfants sont repris dans une seule convention internationale. La *Convention relative aux droits de l'enfant*, une convention thématique à vocation universelle, a été adoptée le 20 novembre 1989 à l'unanimité par les États-membres de l'ONU. Cette convention présente sous la forme de 54 articles les droits fondamentaux à respecter et à protéger pour chaque enfant mineur. Elle stipule que ces droits doivent être mis en œuvre sur la base de quatre principes directeurs: la non-discrimination, le respect de l'intérêt supérieur de l'enfant, le droit à la survie et au développement et le droit à la participation. En effet, l'article 1 délimite son champ d'application en définissant le mot « enfant » comme tout être humain âgé de moins de 18 ans, sauf si la majorité est atteinte plus tôt en vertu de la législation qui lui est applicable.

Cette définition semble refléter les débats actuels portant sur la protection juridique et sur le concept d'enfant. Selon cette convention, les États parties doivent s'engager à respecter les droits qui y sont énoncés et à les garantir à tout enfant relevant de leur juridiction, sans distinction aucune. Ces États doivent prendre toutes les mesures appropriées pour que l'enfant soit effectivement protégé contre toutes formes de discrimination ou de sanctions motivées et ils doivent s'engager à assurer à l'enfant la protection et les soins nécessaires à son bien-être[126]. En fait, l'article 32 protège l'enfant contre l'exploitation économique et des travaux qui comportent des risques; l'article 40

Nations Unies (ONU): la *Convention pour la prévention et la répression du crime de génocide*, la *Convention relative aux statut des réfugiés* et le *Protocole facultatif à la Convention relative aux droits de l'enfant concernant l'implication d'enfants dans les conflits armés*; voir aussi des exemples de conventions thématiques à vocation régionale de l'Organisation des États Américains (OEA): la *Convention interaméricaine contre le terrorisme* et la *Convention interaméricaine contre la corruption*.

[126]   Art. 2 et 3 CDE

protège l'enfant suspecté, accusé ou convaincu d'infraction à la loi pénale; et, l'article 38 de la convention soulève directement les problèmes qui ont rapport à l'utilisation des enfants dans les conflits armés. En ce qui concerne l'engagement de l'État à respecter et à faire respecter toutes les mesures possibles afin d'empêcher les enfants âgés de moins de 15 ans de ne pas participer directement aux hostilités, ce même article demande à l'État de s'abstenir d'enrôler dans leurs forces armées toutes personnes de moins de 15 ans et de protéger la population civile en cas de conflit armé en vertu du droit international humanitaire.

D'autre part, le *Protocole facultatif se rapportant à la Convention relative aux droits de l'enfant concernant l'implication d'enfants dans les conflits armés* renforce la protection juridique des enfants et contribue à empêcher leur utilisation dans les conflits armés[127]. Mais, le droit humanitaire, peut-il mieux renforcer ses dispositions contre les États qui violent la convention? Qui va ou qui peut empêcher ces États ou ces groupes rebelles ou forces paramilitaires d'enrôler des enfants dans leurs armées? Bien que le *Protocole facultatif*, dans son premier article, demande aux États-membres de prendre « toutes les mesures possibles », est-il efficace dans la protection des droits de l'enfant?

En effet, certains pensent que les instruments régionaux sont aussi aptes à protéger les droits de l'enfant et à donner aux enfants certains droits qui sont propres à leur « héritage culturel, leur passé historique et les valeurs » de leur civilisation[128]. Sur ce, l'Afrique, confrontée à de multiples conflits, est devenue le continent le plus ravagé par le fléau de l'enrôlement et de la circonscription d'enfants soldats. Des leaders de ce continent ont pu rassembler le 9 juillet 2002 plusieurs gouvernements africains en une organisation

---

[127] Para. 6 et 11 (préambule) et art. 4 et 6.

[128] Para. 7 (préambule) CADE

régionale – l'Union Africaine (UA) – dont l'un de ses objectifs est de « promouvoir et protéger les droits de l'homme et des peuples conformément à la *Charte africaine des droits de l'homme et des peuples* »[129]. En fait, près de 39 pays africains ont déjà ratifié la *Charte africaine*, une convention thématique à vocation régionale, qui renferme des dispositions protégeant les droits civils et politiques et les droits sociaux, économiques et culturels de l'enfant africain. S'inspirant d'autres instruments régionaux et internationaux[130], la plupart des droits contenus dans la *Charte africaine* sont interprétés dans le contexte africain. De ce fait, l'article 22 protège les enfants en cas de conflits armés et il interdit leur enrôlement dans l'armée. Cependant, selon la Charte, « ces dispositions s'appliquent aussi aux enfants dans des situations de conflits armés internes[131], de tensions ou de troubles civils »[132], des termes qui ne sont pas utilisés dans la *Convention*

---

[129] « À propos de l'UA », africa-union.org, 19 novembre 2006.

[130] Adoptée lors de la 26e conférence des chefs d'État et de gouvernement de l'Organisation de l'Unité Africaine (OUA), maintenant appelée Union Africaine (UA), en juillet 1990 et entrée en vigueur le 29 novembre 1999 après avoir reçu la ratification de 15 États, la *Charte africaine des droits et du bien-être de l'enfant* s'inspire de la *Convention relative aux droits de l'enfant* de 1989 de l'ONU, de la *Déclaration universelle des droits de l'homme*, ainsi que de la *Déclaration sur les droits et du bien-être de l'enfant africain* (adoptée par l'OUA en juillet 1979), de la *Charte africaine des droits de l'homme et des peuples* et de la *Charte de l'Organisation de l'Union Africaine.*

[131] Conflits armés ou troubles internes : ce sont des situations de fait où il existe sur le plan interne un affrontement qui présente un certain caractère de gravité ou de durée.

[132] Tensions internes ou troubles civils : ce sont des situations moins graves que celles de troubles internes. Il s'agit notamment de situations de tensions graves (politiques, religieuses, raciales, ethniques, sociales, économiques, etc.). Ces situations peuvent précéder ou suivre des périodes de conflit. En fait, selon le *Dictionnaire pratique du droit humanitaire* (basé sur ces deux définitions mentionnées), le droit humanitaire ne s'applique pas dans des situations où les actes de violence sporadiques et isolés et les émeutes ne présentent pas un seuil de violence suffisant pour parler de conflit et s'ils ne sont pas commis par un groupe armé organisé, capable de mener des opérations continues et concertées.

relative aux droits de l'enfant de l'ONU. La *Charte africaine*, basée sur l'administration de la justice pour mineurs, contient des dispositions qui protègent l'enfant contre l'exploitation économique[133] et oblige les États signataires à donner un « traitement spécial » à l'enfant qui enfreint la loi pénale[134].

3.2.2 Les droits et libertés de l'enfant au travail

Le droit international du travail est un droit qui fait partie intégrale du droit international des droits de la personne, surtout en ce qui concerne les droits et libertés sociaux et économiques. En effet, tout enfant a droit à un niveau de vie suffisant pour permettre son développement[135]. Bien que ce soit les parents qui ont la responsabilité, dans les limites de leurs possibilités et de leurs moyens financiers, d'assurer le développement de l'enfant[136], il est important que l'enfant soit protégé contre l'exploitation économique.

Cependant, lorsque l'enfant est forcé de « travailler », c'est-à-dire d'enlever des mines ou de faire d'autres travaux dangereux, il a droit de jouir de sa liberté et ne doit être astreint à aucun travail comportant des risques ou susceptibles de compromettre son éducation ou de nuire à sa santé ou à son développement physique, mental, spirituel, moral ou social[137]. Sur ce, il y a trois importantes conventions thématiques à vocation universelle qui ont été adoptées par l'Organisation Internationale du Travail (OIT) : la *Convention sur l'abolition du travail forcé*[138], la *Convention sur les pires formes de travail*

---

[133] Art. 15, para. 1 CADE

[134] *Id.*, art. 17, para. 1

[135] Art. 27, para 1 CDE

[136] *Id.*, para. 2.

[137] *Id.*, art. 32, para. 1.

[138] *Infra*, Annexe (figure 2).

des enfants[139] et la *Convention sur l'âge minimum*[140]. En effet, cette dernière convention demande à tout État de s'engager à poursuivre une politique nationale visant à assurer l'abolition effective du travail des enfants et à élever progressivement l'âge minimum d'admission à l'emploi ou au travail[141]. Plus loin, elle demande que l'âge minimum pour tout emploi, susceptible de compromettre la santé, la sécurité ou la moralité des adolescents, ne doive pas être inférieur à dix-huit ans[142]. De fait, la *Convention sur l'abolition du travail forcé*, elle, considérée comme l'avant-garde de la *Convention sur les pires formes de travail des enfants*, demande aux États-membres qui l'ont ratifiée de s'engager à supprimer le travail forcé ou obligatoire et à n'y recourir sous aucune forme[143]. Du côté de la *Convention sur les pires formes de travail des enfants*, les mêmes membres doivent prendre des mesures immédiates et efficaces pour assurer l'interdiction et l'élimination des pires formes de travail des enfants[144].

En ce sens, ces pires formes de travail sont définies comme étant « toutes les formes d'esclavage ou pratiques analogues (...) y compris le recrutement forcé ou obligatoire des enfants en vue de leur utilisation dans des conflits armés »[145]. C'est aussi l'utilisation, le recrutement ou l'offre d'un enfant à des fins de prostitution[146]. C'est encore

---

[139] *Id.*

[140] *Id.*

[141] Art. 1 C-138.

[142] *Id.*, art. 3, para. 1.

[143] Art. 1 C-105.

[144] Art. 1 C-182.

[145] *Id.*, art. 3 (a).

[146] *Id.*, art. 3 (b).

« l'utilisation, le recrutement ou l'offre d'un enfant aux fins d'activités illicites, notamment pour la production et le trafic de stupéfiants »[147]. Et, c'est enfin, « les travaux qui, par leur nature ou les conditions dans lesquelles ils s'exercent, sont susceptibles de nuire à la santé, à la sécurité ou à la moralité de l'enfant »[148].

---

[147] *Id.*, art. 3 (c).

[148] *Id.*, art. 3 (d).

CHAPITRE 4

Le Droit International Et Le Statut Paradoxal Des Enfants Soldats

Le droit international n'a pas exclu à priori la responsabilité pénale d'un enfant soldat qui est accusé de génocide, de crimes contre l'humanité ou crimes de guerre[149]. Car, si tel était le cas, pourquoi demander aux États-membres de veiller « à ce qu'aucun enfant ne soit suspecté, accusé ou convaincu d'infraction à la loi pénale en raison d'actions ou d'omissions qui n'étaient pas interdites par le droit national ou international au moment où elles ont été commises »[150]? En fait, si le droit international refuse de rendre responsable les enfants soldats pour « crimes graves », c'est pour éviter non seulement des conflits avec le droit interne[151], mais aussi pour ne pas être responsable de la gestion internationale du système de délinquance juvénile. En prenant en charge l'administration de la justice pour mineurs, les autorités internationales auront à créer un tribunal international de justice juvénile – ayant les mêmes pouvoirs que ceux conférés à la

---

[149] N. ARZOUMANIAN et F. PIZZUTELLI, *loc. cit.*, note 3, p. 843. *Cf.* En pratique, il est probable que la plupart des enfants ne possèdent pas la *mens rea* (l'élément subjectif du crime). Le crime de génocide, par exemple, implique «l'intention de détruire, en tout ou en partie, un groupe national, ethnique, racial ou religieux, comme tel» (Statut de la CPI, article 6). Est-ce le cas de tous les enfants accusés de génocide au Rwanda? *Cf.* Chen REIS, «Trying the future, avenging the past: the implications of prosecuting children for participation in internal armed conflict», (1997) 28 C.H.L.R. 645.

[150] Art. 40 (2) (a) CDE

[151] N. ARZOUMANIAN et F. PIZZUTELLI, *loc. cit.*, note 3, p. 827. *Supra*, note 108.

Cour pénale internationale – pour protéger les citoyens des États-membres de l'ONU et pour réhabiliter ces jeunes afin qu'ils deviennent des citoyens responsables dans leurs communautés, une chose qui paraît impossible pour le droit international en raison des coûts reliés à la rééducation et la réhabilitation de ces enfants traumatisés par la violence des conflits armés. Par contre, quels intérêts les autorités internationales des États-membres riches et puissants ont-elles à créer un tribunal juvénile international qui aura à sanctionner ces jeunes enfants du tiers-monde sous forme de rééducation et de réhabilitation?

Ainsi, l'indétermination du droit international par rapport au statut juridique des enfants soldats se voit particulièrement dans le paradoxe que l'enfant soldat soit à la fois une victime et un agresseur. Le droit international veut croire que l'enfant ne peut pas être un agresseur, mais plutôt une victime qui mérite une forme de « traitement ou protection spéciale ». Et, en dépit de cette « protection spéciale », l'enfant est laissé à lui-même du fait que le droit interne n'est pas en mesure de satisfaire les besoins pressants de l'enfant qui est déjà traumatisé par les séquelles de la violence. En refusant d'accepter l'enfant soldat comme étant un agresseur, on est certain de voir une augmentation de la délinquance dans ces pays qui ont des conflits internes.

4.1 L'enfant soldat et le système juridique de la délinquance juvénile

Tout se passe comme si le droit international se réservait la protection de l'enfant soldat en tant que victime et renvoyait le traitement de l'enfant soldat en tant que délinquant à la seule gestion de la justice pour mineurs de chaque État membre. En d'autres termes, le droit international laisse au droit interne le soin d'administrer la justice pour mineurs en vertu des normes internationales qui sont établies. Ces normes internationales sont d'ailleurs rédigées de manière à permettre aux différents pays d'exercer une large discrétion. Par exemple, le droit international définit un « délinquant juvénile » comme « un enfant ou un jeune, accusé ou déclaré coupable d'avoir commis un délit »[152], mais préserve toutefois la possibilité pour un pays de décréter que la responsabilité pénale d'un enfant ne peut être engagée avant un certain âge. Dans le cas du Canada, un délinquant juvénile est tout enfant ou « jeune contrevenant » qui est âgé entre 12 à 17 ans. Les enfants de moins de 12 ans qui commettent ce qui pourrait être considéré comme un délit criminel ne seront pas jugés pour ce délit, mais seront susceptibles d'être pris en charge par le système d'assistance à l'enfance en danger, connu au Québec sous le vocable de système de protection de la jeunesse[153].

4.1.1 Le concept de la « délinquance juvénile »

Le concept de la délinquance juvénile est subjectif selon les critères de chaque pays, selon le concept recouvrant les comportements des mineurs qui entrent dans le cadre des dispositions prévues par leur loi ou leur code pénal, selon les différences notables sur le plan du régime des pénalités et selon les différences en matière d'âge de responsabilité pénale des mineurs[154]. Les deux principaux objectifs des lois sur la délinquance pour mineurs[155] sont la recherche du *bien-être*

---

[152] Art. 2.2 (c) Règles de Beijing

[153] *Loi modifiant la loi sur la protection de la jeunesse*, L.R.Q., c. P-34.1, art. 38(f) (2). *Infra*, Annexe (figure 3).

[154] *Avis du 9 mai 2006 du Comité économique et social européen sur la prévention de la délinquance juvénile, les modes de traitements de la délinquance juvénile et le rôle de la justice des mineurs dans l'Union européenne*, JO 2006 C 110/75

[155] Selon la définition apportée par l'article 11 (a) de l'Annexe sur les Règles de Nations Unies pour la protection des mineurs privés de liberté, adopté le 14 décembre 1990, un mineur est « toute personne âgée de moins de 18 ans » et que « l'âge au-dessous duquel il est interdit de priver un enfant de liberté est fixé par la loi ».

du mineur et les réactions étatiques vis-à-vis des délinquants juvéniles qui devraient être toujours proportionnelles aux circonstances propres aux délinquants et aux délits[156]. De ces objectifs vient le « principe de proportionnalité » qui sert à modérer les sanctions punitives, généralement en les rapportant à la gravité du délit. En ce sens, pour un enfant soldat qui commet un acte de délinquance [un délit si cet acte est commis par un adulte], il faut tenir compte non seulement de cette gravité, mais aussi des circonstances personnelles, telles que : position sociale, situation du juvénile, dommages causés par l'acte de délinquance ou autres facteurs influant sur les circonstances personnelles[157].

Le droit international pense aussi que dans « les systèmes juridiques qui reconnaissent la notion de seuil de responsabilité pénale, celui-ci ne doit pas être fixé trop bas eu égard aux problèmes de maturité affective, psychologique et intellectuelle »[158]. Mais, qu'en dit-on des pays qui ne reconnaissent pas le seuil de la responsabilité pénale? Qu'en dit-on lorsque la gravité de l'acte de délinquance atteint ou dépasse le seuil de « crime grave »? Ne doit-on pas considérer les dommages causés par ce crime sur les victimes? Ces victimes qui sont mutilées, torturées, violées ou tuées? En fait, le droit international pense que les États devraient faire en sorte que les enfants en tant que victimes et témoins aient un accès approprié aux instances judiciaires et aient droit à une restitution et une réparation du préjudice subi[159]. Ceci est vrai quand on pense à l'impact des conflits armés sur les enfants, à « l'importance de la protection des droits des enfants dans les

---

[156] Art. 5.1 Règles de Beijing

[157] *Id.*, commentaire sur l'article 5.1 ou *Principe de proportionnalité* comme second objectif.

[158] *Id.*, art. 4.1 (*âge de responsabilité*). Voir Annexe (Figure 1).

[159] Titre III, art. 43 (*Plans visant les enfants en tant que victimes et témoins*). *Supra*, note 85.

opérations de maintien de la paix » et aux « problèmes des enfants et des jeunes en tant que victimes et auteurs de crimes dans les situations de consolidation de la paix »[160].

Dans ce contexte, les victimes – qu'elles soient enfants ou adultes – doivent participer aux débats juridiques en ce qui concerne leurs droits et les doubles préjudices qu'ils subissent quand le droit international ignore la responsabilité pénale de l'enfant soldat [agresseur] et quand le droit interne est défectueux dans l'administration de la justice pour mineurs. En fait, bien que les États devraient mettre en place des tribunaux pour enfants, chargés principalement de « juger les enfants délinquants »[161], on se demande comment le droit international peut justifier ses recommandations innovatrices[162] quand ses mesures, semble-t-il, ont été élaborées pour la protection de l'enfant victime à la manière de la culture occidentale et non pas pour rendre justice à l'enfant ou à l'adulte victime et de rendre l'enfant soldat [agresseur] responsable.

4.1.2   Les insurmontables écueils du « processus de socialisation »

Le droit international admet que la prévention de la délinquance juvénile est un élément essentiel de la prévention du crime[163]. En fait, pour nous, l'un des moyens de prévenir le crime c'est d'accepter le double statut juridique de l'enfant soldat. Pour le droit international, le processus de socialisation des différents secteurs de la population est un autre moyen de prévention de la délinquance. Certes, on ne

---

[160]   *Id.*, art. 29.

[161]   *Id.*, art. 14 (d).

[162]   *Id.*, art. 8 (commentaire en relation avec la *Protection de la vie privée*). Selon le droit international, les jeunes sont particulièrement sensibles à la qualification pénale et ils ne doivent pas être qualifiés de «délinquants» ou de «criminels».

[163]   Para. 1, (Principes fondamentaux) *Principes directeurs* (de Riyad) *pour la prévention de la délinquance juvénile. Cf.* AG Res. 45/112, 14 décembre 1990

peut pas ignorer l'apport de la société dans ce processus; mais, peut-il y avoir justice pour les victimes lorsque l'enfant est un agresseur? L'administration de la justice pour mineurs peut-elle fonctionner avec cette impunité accordée aux enfants soldats? Comment l'État peut-il promouvoir la cohésion et l'harmonie familiale dans ces pays toujours en conflit; et, décourager en même temps, la séparation des enfants de leurs parents[164] après que ces enfants ont eu forcément été recrutés par ces mêmes États qui sont considérés par le droit international comme étant les principaux violateurs des droits humains.

De plus, comment les organisations bénévoles s'occupant de la jeunesse devraient-elles recevoir des aides financières et autres de l'État et d'autres institutions[165] lorsque l'État est en faillite à cause de la mauvaise gestion et que ce même État et autres institutions [locales et internationales] utilisent les organisations communautaires [fonctionnant soit disant à but non lucratif et avec des subventions conditionnées] contre leurs opposants? Aussi, comment les médias peuvent-ils être encouragés à assurer aux jeunes l'accès à des informations et à des documents provenant de sources nationales et internationales diverses[166] lorsque ces médias et les journalistes y travaillant objectivement sont souvent les cibles du gouvernement ou d'autres groupes armés? Enfin, comment les organismes publics devraient-ils offrir aux jeunes la possibilité de poursuivre des études à temps plein et d'apprendre un métier[167] lorsque ces jeunes sont à la fois ciblés par les groupes armés et politisés par le gouvernement et d'autres secteurs dans la société civile qui les utilisent à des fins personnelles?

---

[164] *Id.*, art. 17.

[165] *Id.*, art. 36.

[166] *Id.*, art. 40.

[167] *Id.*, art. 47.

4.2 L'enfant soldat et les faiblesses des conventions internationales

Le pouvoir de sanctionner ces enfants-soldats, comme nous l'avions vu, est du ressort des juridictions nationales. Dès lors, la mise en œuvre des normes internationales pertinentes est tributaire de la volonté étatique et peut être grandement diluée à travers différentes réserves. Ajoutons à cela le fait que la codification des principes de droit international peut entrer en conflit avec la coutume d'un pays.

En effet, la *Charte africaine des droits et du bien-être de l'enfant* déclare que les États-membres de l'Union Africaine (UA) « doivent prendre en considération les vertus de leur héritage culturel, leur passé historique et les valeurs de la civilisation africaine qui devraient inspirer et guider leur réflexion en matière de droits et de protection de l'enfant »[168]. Plus loin, la Charte africaine oblige les États-membres à décourager « toute culture, tradition, pratique culturelle ou religieuse » qui est « incompatible avec les droits, devoirs et obligations » énoncées dans la Charte[169]. Or, selon plusieurs, « l'activité visant à donner une forme écrite au droit coutumier ne saurait se borner à une œuvre de photographe reproduisant la coutume [la culture ou la tradition] telle qu'elle est dans ses propositions écrites »[170]. De plus, bien que la codification de la coutume serve « à faire avancer le droit international », la forme écrite – selon certains – « élimine des ambiguïtés et en crée d'autres »[171].

---

[168] Para. 7 (préambule).

[169] Article 1.3.

[170] Tullio TREVES, « Harmonie et contradictions de la codification du droit international », dans Rafâa B. ACHOUR et Slim LAGHMANI (dir.), *Harmonie et Contradictions en droit international*, Paris, Éditions A. Pedone, 1996, p. 79, à la page 85

[171] *Id.*, p. 80.

Aussi, quand le droit coutumier est menacé, « il peut arriver que des circonstances politiques bloquent la ratification de ces conventions par une partie importante de la communauté internationale »[172]. Il y a aussi une fausse harmonie du droit interne avec le droit international quand « la juridiction de la Cour dépend de la volonté des parties » et que « la Cour ne peut exercer sa juridiction à l'égard d'un État si ce n'est pas avec le consentement de ce dernier ». Lorsque les parties consentent ou expriment leur volonté, elles peuvent se buter à autre chose : le refus absolu d'entamer des procédures judicaires contre un seigneur de la guerre.

Le rôle ambigu de la Cour internationale de justice (CIJ) peut se voir dans ses objectifs latents par rapport au système universel de l'ONU pour le maintien de la paix et de la sécurité internationale, surtout avec leurs Commissions de Justice et de Vérité (CJV) et leurs programmes de Désarmement, de Démobilisation et de Réinsertion (DDR)[173]. Pendant que l'ONU, d'une part, demande aux parties en conflit de déposer les armes, de s'asseoir à une table de négociation et de confesser leurs péchés; les enquêteurs de la Cour, d'un autre côté, sont munis de mandats d'arrêts, semblent se mettre activement à la recherche des principaux responsables de violations des droits humains qui font souvent partie de ces mêmes négociations. Mais, ces violateurs sont-ils vraiment activement recherchés lorsqu'ils sont protégés par des mêmes membres de maintien de la paix qui sont parfois officiellement utilisés comme ses propres agents de sécurité?

---

[172] *Id.*, p. 83.

[173] Alain PELLET, « Harmonie et contradictions dans la justice internationale », dans R. B. ACHOUR et S. LAGHMANI (dir.), *op. cit.*, note 172, p. 197, à la page 202

4.2.1   Le statut de l'enfant soldat dans la rédaction des conventions

Le rejet de la responsabilité pénale de l'enfant soldat par le droit international est basé sur l'article 26 du Statut de la Cour pénale internationale qui déclare que « la Cour n'a pas compétence à l'égard d'une personne qui était âgée de moins de 18 ans au moment de la commission prétendue d'un crime »[174]. La rédaction de cet article démontre clairement que les systèmes de protection internationaux recèlent plusieurs failles et faiblesses dans la recherche de compromis et dans la rigueur des principes posés.

Premièrement, il y a une recherche de compromis entre les systèmes juridiques internationaux et entre les intérêts des différents pays en présence. En fait, la *Convention de Genève*[175] ne s'applique pas aux conflits non internationaux à l'exception de l'article 3 des quatre conventions, qui oblige les parties d'un conflit non international à garantir une protection minimale pour les non-combattants. En dépit du fait que cet article est appliqué à des combattants gouvernementaux et non gouvernementaux, il est reconnu que l'article 3 est insuffisant et ne peut pas dénoncer et réguler le nombre grandissant et la nature des conflits internes[176]. De plus, bien que le *Protocole I de la Convention de Genève* protège les enfants contre le recrutement et l'implication dans les conflits armés, il permet que les enfants âgés de 15 ans et plus puissent être enrôlés dans des forces ou groupes armés[177]. Ajoutons enfin que le *Protocole II de la Convention de Genève* énonce les garanties minimales que les parties dans un conflit non international doivent

---

[174]   *Supra*, note 11.

[175]   *Supra*, note 6.

[176]   R. HARVEY, *op. cit.*, note 22, p. 8.

[177]   Art. 77, para. 2 Protocole I CG (*Protection des enfants*).

observer, mais ses règles sont moins sévères contre ceux qui violent le Protocole[178].

En ce qui concerne la *Convention relative aux droits de l'enfant* (CDE), on ne peut y déroger durant les temps de guerre ou de conflits armés. Cependant, le Comité des droits des enfants, qui est son mécanisme de contrôle, « ne peut pas superviser les actions des acteurs dans les conflits armés, faire des recommandations ad hoc et faire des commentaires sur les situations des pays qui ne font pas de rapport »[179]. En plus, le Comité ne peut pas entendre des plaintes individuelles, sanctionner ou recommander des compensations contre des violateurs[180].

Un autre problème réside dans les clauses de sauvegarde qui tempèrent la rigueur des principes posés dans certaines conventions[181]. En effet, le *Protocole facultatif à la Convention relative aux droits de l'enfant concernant l'implication d'enfants dans les conflits armés* fait passer de 15 à 18 ans l'âge auquel la participation aux conflits armés sera permise et proscrit également l'enrôlement de force des enfants de moins de 18 ans[182]. Malgré tout, ce protocole est limité dans la mesure où il est facultatif et donc tributaire de la volonté des États-membres pour sa ratification. Il est également limité en ce sens qu'il n'interdit pas la

---

[178] Art. 6, para. 5 Protocole II CG (demande les autorités au pouvoir d'accorder « la plus large amnistie possible », dès la cessation des hostilités, aux personnes qui ont pris part au conflit. Cette recommandation peut encourager de l'impunité. Pire encore si ce sont les autorités qui violent les droits).

[179] R. HARVEY, *op. cit.*, note 22, p. 12.

[180] *Id.*

[181] Hugues FULCHIRON, « Les conventions internationales : présentation sommaire », dans Jacqueline RUBELLIN-DEVICHI et Rainer FRANK (dir.), *L'enfant et les conventions internationales*, Lyon, Presses Universitaires, 1996, p. 19, à la page 33

[182] Art. 1 et 2 OP-CRC-AC

participation indirecte des enfants dans les conflits[183] (ce problème se pose aussi à l'article 38 de la *Convention relative aux droits de l'enfant*) et autorise le recrutement d'enfants de moins de 18 ans sur une base volontaire et avec le consentement des parents[184]. Aussi, l'article 4 affirme que « seulement le gouvernement a le droit de recrutement, non les forces paramilitaires ou guérillas, les enfants de moins de 18 ans et de les utiliser dans les conflits armés »[185].

L'utilisation et l'implication des enfants dans des actes de terrorisme comme suicidaires porteurs de bombe est un autre problème que le droit international a essayé aussi d'aborder. En fait, Mme Pirkko Kourula, représentante du Haut Commissaire des Nations Unies pour les Réfugiés (HCR), déclare que « des fillettes ont été recrutées pour porter des bombes suicides au Sri Lanka, comme boucliers humains au nord de l'Ouganda ou comme démineurs en Iraq »[186]. En ce qui concerne le cas des enfants palestiniens, dans une déposition faite par devant le Comité des droits de l'homme, M. Levy – représentant de l'État d'Israël – déclare que de jeunes palestiniens sont soumis « à la formation paramilitaire et à l'endoctrinement dans les camps d'été et à l'école pour devenir des bombes humaines et des martyrs »[187]. Durant une session spéciale de l'Assemblée générale de l'ONU sur l'enfance[188], deux jeunes délégués palestiniens[189] ont déclaré que l'enfant qui est utilisé

---

[183] Art. 1. *Cf.* AG Res. 54/263, 29 août 2000

[184] *Supra*, note 10. *Cf.* Article 3 demande que l'on renseigne l'enfant à propos des devoirs qui s'attachent au service militaire et qu'il donne la preuve de son âge.

[185] *Id.*

[186] AG/SHC/428, 28 octobre 1999

[187] CCPR/C/SR.2117, 9 octobre 2003

[188] *Press conference on Palestinian children*, 10 May 2002.

[189] Jenin Zaal Abu Ruqti et Ahmad Khari, respectivement sont âgés de 15 et de 16 ans.

comme « bombe humaine » a le droit de se défendre et que « nous ne tuons pas des innocents ». Bien que le Conseil de sécurité n'ait pas adressé directement le problème des enfants porteurs de bombe dans sa résolution 1379, cette résolution est toutefois l'une des plus importantes résolutions sur la nécessité de protéger les enfants contre leur enrôlement dans les groupes armés. Cette même résolution tente également de faire un lien entre le terrorisme, les conflits armés, le trafic des armes légères et la drogue[190]. Cependant, le droit international n'a jamais essayé ou accepté de définir un enfant soldat qui kidnappe, viole, torture et qui tue comme étant un agresseur. Le droit international, faute de compétence devant la Cour pénale internationale, hésite à aborder la responsabilité pénale des enfants qui s'impliquent volontairement dans des conflits armés.

4.2.2   Le statut de l'enfant soldat dans la réception des conventions

L'ambiguïté du droit international concernant le double statut juridique de l'enfant soldat n'est pas seulement manifeste dans la rédaction des conventions, mais aussi dans leur réception. Ces conventions comportent des faiblesses tant dans leur rédaction que dans leur réception et ces faiblesses se retrouvent au niveau des réserves qu'un État peut émettre à l'égard d'une convention au moment de sa ratification, de l'interprétation des textes conventionnels, de l'intégration de ces textes dans la législation nationale et, particulièrement, de la volonté d'un État à respecter la convention en dépit de la ratification de ces traités par les autorités de cet État.

---

[190] Art. 6 et 13 (c). *Cf.* CS Res. 1379, 20 novembre 2001. Pourtant, le Conseil n'a jamais osé définir – d'une façon claire – le concept « d'autres activités criminelles » de la résolution. Il faut donc s'en remettre aux textes de l'Organisation Internationale du Travail (OIT), et plus particulièrement à l'article 3 de la *Convention sur les pires formes de travail des enfants* qui définit le concept « d'autres activités criminelles » par le concept « d'activités illicites » qui ne sont autres que la production et le trafic de stupéfiants.

En fait, le premier problème qui se pose dans la réception des conventions internationales par un pays signataire, c'est la réserve qu'un État peut émettre à l'égard d'une convention. Les États ont la possibilité d'émettre des réserves à l'application de certains articles d'une convention. Par exemple, El Salvador a fait une déclaration concernant les enfants salvadoriens de 16 ans qui sont recrutés dans l'armée et a déclaré que cette circonscription est légale suivant la législation nationale sur le service militaire de sorte qu'elle n'est pas en contradiction avec les articles 2 et 6 du *Protocole facultatif à la Convention relative aux droits de l'enfant concernant l'implication d'enfants dans les conflits armés*[191]. Cette déclaration permet au El Salvador d'utiliser « directement » les enfants soldats dans les conflits armés, ce qui serait en violation avec l'article 1 du protocole n'eût été de la réserve formulée. Pire encore, la réserve peut être formulée unilatéralement, de sorte qu'un État peut écarter, ajouter ou modifier le sens d'une disposition d'un traité, parce qu'il la considère comme une ingérence par rapport à son droit interne. C'est le cas de la Syrie qui, au moment de la ratification du *Protocole additionnel relatif à la protection des victimes des conflits armés internationaux* (Protocole I)[192], a déclaré que sa ratification du protocole « ne constitue en aucune façon une reconnaissance d'Israël ni l'établissement de relations avec lui concernant des dispositions du dit protocole »[193]. Avec cette réserve, un soldat israélien qui a moins de 18 ans au moment d'un conflit peut être arrêté, jugé et condamné à mort pour crimes de guerre sans que la Syrie viole les articles 4 et 5 du protocole.

Le deuxième problème qui se pose est celui de l'interprétation des textes conventionnels. En fait, les conventions ont été rédigées

---

[191] *Supra*, note 10. *Cf.* El Salvador a ratifié ce protocole le 18 avril 2002.

[192] *Supra*, note 7.

[193] Notification du dépositaire au CICR, 23 novembre 1983 (ce même protocole est ratifié par la Syrie le 14 novembre 1983).

pour apporter une solution à un problème et dans le but de donner à l'État-membre les instruments nécessaires pour résoudre ce problème. L'État signataire et récepteur doit pouvoir comprendre la définition et le contexte de rédaction de certains termes de cette convention. Sinon, la convention va être interprétée suivant la culture et la législation nationales du pays récepteur. C'est ce qui explique, partiellement du moins, l'ambiguïté [délibérée] du droit international par rapport au statut juridique des enfants-soldats. Les valeurs culturelles d'un rédacteur [occidental] peuvent en effet influencer la rédaction d'un texte conventionnel à caractère thématique qui, à son tour, va influencer un récepteur [du Moyen-Orient] à interpréter ce même texte selon sa propre culture, mais non pas selon l'esprit des règles et des instruments internationaux.

En troisième lieu, l'intégration de ces textes dans l'ordre juridique des pays signataires soulève des difficultés. Par exemple, le fait qu'au Pakistan les ordonnances relatives au *Zina* et au *Hadood*[194] ne soient pas compatibles avec les principes et les dispositions de la *Convention relative aux droits de l'enfant*, cette dernière résulte en un manque de cohérence avec la législation nationale en ce qui concerne la définition de l'enfant et, en particulier, l'âge de la responsabilité pénale qui est trop précoce[195]. Un autre problème relatif à l'intégration des textes est le manque de ressources humaines et matérielles. Au plan des ressources humaines, les autorités qui s'occupent de l'intégration de ces textes conventionnels dans la législation nationale (ordinairement les parlementaires) doivent avoir la compétence nécessaire pour comprendre et intégrer ces textes (techniques et juridiques) dans le droit interne, ce qui n'est pas toujours le cas. En ce qui concerne les ressources matérielles, l'État doit avoir les moyens financiers pour

---

[194] Termes qui correspondent à la définition de l'enfant.

[195] L'âge de responsabilité pénale est 7 ans au Pakistan. *Infra*, Annexe (figures 3 and 4).

s'occuper de la réforme et de la publication de ses lois, ce qui, encore une fois, est loin d'être acquis.

Enfin, le dernier problème c'est le volontarisme. En fait, le droit international est basé sur le volontarisme, c'est-à-dire sur la volonté des États-membres. Mais, il arrive qu'un État signataire d'une convention refuse tout simplement de la mettre en œuvre. Par exemple, durant la ratification du *Protocole facultatif à la Convention relative aux droits de l'enfant concernant l'implication d'enfants dans les conflits armés*[196] en novembre 2001, la République Démocratique du Congo (RDC) a déclaré – suivant le droit interne[197] – qu'aucun enfant de moins de 18 ans ne serait un membre actif des forces armées congolaises ou autres groupes armés publiques ou privés travaillant sur le territoire du pays. Cependant, selon plusieurs sources, des enfants continuent à être utilisés et recrutés par des groupes armés qui œuvrent sur le territoire congolais[198].

Pourtant, si un État a volontairement ratifié une convention internationale, cet État – qui comprend des agresseurs, des seigneurs de la guerre, des leaders ou des gangsters étatiques – ne devrait-il pas être tenu responsable des violations de cette convention? En effet, cette responsabilité pénale ne devrait pas être ignorée quand il s'agit de crimes contre l'humanité lorsque l'État recrute, enrôle, entraîne, arme, implique, tolère et ordonne aux enfants de tuer, de torturer, de violer et de commettre d'autres actes de délinquance. Mais, ces enfants qui tuent, qui violent et qui commettent des actes inimaginables, que doit-on faire d'eux? Ne doivent-ils pas être également tenus

---

[196] *Supra*, note 10.

[197] Décret-loi No. 066 (9 juin 2000) sur la *Démobilisation et la réhabilitation des groupes vulnérables*.

[198] « Congo RDC : Nouvelles violences à Kinshasa », Radio France Internationale, 21 novembre 2006.

responsables quand ils agissent volontairement? Doit-on différencier les actes des enfants soldats de ceux qui les commandent ou les actes des enfants soldats lorsqu'il s'agit d'enfants victimes et d'enfants agresseurs?

4.3 Le statut paradoxal de l'enfant soldat durant les conflits armés

Le malaise du droit international à considérer les enfants soldats comme des agresseurs est une décision conventionnelle calculée et délibérée qui est basée sur le concept juridique que l'enfant de moins de 18 ans est un mineur, qu'il ne peut pas être responsable de ses actions et que, s'il l'est, il doit avoir un traitement ou une protection spéciale. N'est-ce pas une contradiction lorsqu'un enfant peut « volontairement » s'enrôler dans des forces armées et participer « indirectement » aux hostilités, tandis que ce même enfant peut violer, torturer et tuer à sa guise et être toujours accepté comme une victime de la guerre à la suite des conflits armés? N'est-ce pas une contradiction lorsqu'un enfant à titre de « commandant » dirige un groupe armé parmi lequel se trouvent des adultes alignés sous son commandement qui reçoivent l'ordre de torturer et d'exécuter et que ce même « commandant » ne peut être jugé pour crime contre l'humanité à cause de son statut juridique d'enfant soldat victime de la guerre alors que ceux-là qui sont sous ses ordres peuvent être jugés comme criminels de guerre?

En effet, il est impératif que le droit international statue sans ambiguïté sur le double statut de l'enfant soldat. Il est impératif que ce problème, qui encourage non seulement l'enrôlement et la participation systémiques des enfants dans les conflits armés, mais aussi la délinquance systématique des enfants soldats, soit résolu de façon claire et sans équivoque. Sur ce, le statut juridique des enfants soldats peut-il être mieux défini en droit international? En effet, qui sont ces victimes de la guerre? Ces victimes n'ont-elles pas le droit de chercher justice et réparation pour les actes commis à leur encontre? Et, qui sont ces agresseurs? Ces agresseurs peuvent-ils être aussi des victimes de la guerre?

4.3.1   L'enfant soldat ou enfant victime

Selon la *Déclaration des principes fondamentaux de justice relatifs aux victimes de la criminalité et aux victimes d'abus de pouvoir,* une victime est celui ou celle qui a subi un préjudice en conséquence d'un fait internationalement illicite[199]. Mais, comment peut-on dire si l'enfant soldat qui est utilisé et impliqué dans les conflits armés est une victime d'actes criminels[200] ou d'abus de pouvoir[201]? En fait, il n'y a pas de différence sur ce point puisque l'État-membre reconnaît dans sa législation nationale que la conscription des enfants est illégale;[202] et, le droit international stipule que le recrutement et l'utilisation d'enfants dans des hostilités peuvent constituer un crime de guerre[203].

---

[199]   AG Res. 40/34, 29 novembre 1985

[200]   *Id.,* une victime d'actes criminels est définie lorsque des personnes qui, individuellement ou collectivement, on subi une préjudice, notamment une atteinte à leur intégrité physique ou mentale, une souffrance morale, une perte matérielle, ou une atteinte grave à leurs droits fondamentaux en raison d'actes ou d'omissions qui « enfreignent les lois pénales en vigueur dans un État membre, y compris celles qui proscrivent les abus criminels de pouvoir » (*cf.* Partie A, art. 1 sur les *Victimes de la criminalité*).

[201]   *Id.,* défini lorsque des personnes qui, individuellement ou collectivement, on subi une préjudice, notamment une atteinte à leur intégrité physique ou mentale, une souffrance morale, une perte matérielle, ou une atteinte grave à leurs droits fondamentaux en raison d'actes ou d'omissions qui « ne constituent pas encore une violation de la législation pénale nationale, mais qui représentent des violations des normes internationalement reconnues en matière des droits de l'homme » (*cf.* Partie B, art. 18 sur les *Victimes d'abus de pouvoir*).

[202]   *Supra,* note 199.

[203]   *Supra,* notes 11, 12 et 13. *Cf.* Second paragraphe de l'introduction.

Cependant, l'enfant soldat qui est utilisé à des fins sexuelles, forcé de joindre les rangs d'un groupe armé, exécuté sous des suspicions de machinations ou pour refus de combattre, est considéré comme une victime de la criminalité ou/et d'abus de pouvoir. En effet, on a constaté durant la dernière décennie que plus de 2 millions d'enfants ont été tués dans des conflits armés, plus de 4,5 millions ont été rendus infirmes et plus de 30 millions ont été arrachés à leur foyer sans parler de ces milliers de jeunes femmes qui ont été soumises à des sévices sexuels[204]. Cela signifie que les enfants sont de plus en plus la cible d'actes barbares, tant comme victimes de crimes horribles que comme simples objets dans les mains d'adultes qui les dressent à commettre des atrocités[205]. En fait, selon Carol Bellamy, directrice générale du Fonds des Nations-Unies pour l'Enfance (UNICEF), la création de la Cour Criminelle Internationale (CCI) apparaîtra en fait comme « un clair signal que les atrocités commises contre des enfants ne demeureront pas impunies et que les responsables d'actes de torture, de viols, de meurtres et de disparitions d'enfants seront déférés à la justice. » Cependant, que fera-t-on de ces enfants, comme Kay Yussuf, qui commettent des atrocités et actes barbares[206]? Et Patrick, un enfant de treize ans de l'Ouganda, qui a été forcé de tuer sa propre mère et de s'enrôler dans la force guérilla de Joseph Kony, le chef du groupe armé connu sous l'appellation l'Armée Résistance du Seigneur (ARS)[207]?

---

[204] Olara OTUNNUN, Représentant spécial du Secrétaire général de l'ONU sur l'impact des conflits armés sur les enfants. *Infra*, Annexe (figure 2).

[205] THE UNITED CHILDREN'S FUND, *The state of the world's children in 2005: Childhood under threat*, New York, Unicef House, 2004, 39-65.

[206] Kay Yussuf, un enfant soldat de Liberia âgé de moins de 16 ans lorsqu'il a commis des actes criminels, déclare : « Si j'ai commis beaucoup d'atrocités telles que le viol, le meurtre, couper les bras, les pieds, les oreilles, ce n'était pas ma faute; mais, c'est à cause de la guerre; car, ce n'était pas mon souhait de participer à l'atrocité! ». *Supra*, note 27, Enfance assassinée.

[207] *Supra*, note 20.

4.3.2   Les victimes des enfants soldats

Une victime de la guerre désigne toute personne [enfant ou adulte, homme ou femme] que le droit international humanitaire cherche à protéger et qui est affectée par les effets d'un conflit armé. Toute personne [enfant ou adulte, homme ou femme, qui est victime d'un conflit armé international ou non international] a droit à un recours effectif devant les juridictions nationales [et internationales] compétentes contre les actes violant les droits fondamentaux qui lui sont reconnus par la constitution ou par la loi[208].

Ces victimes, qui sont ordinairement victimes d'abus de pouvoir[209], sont souvent soumises à des actes criminels et barbares comme l'enlèvement, la prise d'otage, la torture et le meurtre. Il y a aussi le viol en série des femmes ou la politique de viol systématique qui fait partie d'une stratégie de guerre dans le but d'intimider la population. Selon les travailleurs des droits humains, expérimentant à première vue ces atrocités dans des zones de guerre, à cause de cette violence aveugle et des actes d'agression sexuelle, des milliers de femmes sont infectées par le virus du sida[210]. Et, beaucoup de ces violences sexuelles sont commises par des enfants-soldats, des *kadogos* ou « les petites choses de rien du tout » ou tout simplement des « destructeurs ou profanateurs de vagins »[211]. Beaucoup de ces victimes, qui sont plus de 10 millions à travers le monde, ont subi de graves traumatismes psychologiques[212]. En fait, selon plusieurs, « il n'y a pas plus faible ni plus vulnérable qu'une femme acculée dans un

---

[208]   Art. 8 DUDH

[209]   *Supra*, note 203.

[210]   *Supra*, note 89.

[211]   BOLYA, *op. cit.*, note 78, p. 85.

[212]   O. OTUNNUN, *loc. cit.*, note 65, 69.

coin par des enfants soldats qui utilisent le viol comme l'arme la plus efficace ».[213]

En statuant sur le droit des victimes, le droit international accorde une protection légale aux victimes de la guerre[214]. Selon une décision de la Cour pénale internationale (CPI), les victimes ont le droit de participer au stade procédural d'une enquête qui les concerne. En plus de cette protection, la Cour pénale internationale (CPI) élargit les droits de ces victimes en leur garantissant également le droit à la défense et la protection nécessaire. Ainsi, ces victimes ont le droit d'exposer de façon générale leurs vues et préoccupations sur une enquête de crimes commis durant les conflits armés et elles ont aussi le droit de participer à la lutte contre l'impunité[215].

4.3.3   L'enfant soldat ou enfant agresseur

Durant les conflits armés, un enfant soldat peut être un agresseur quand il dirige ou ordonne, en tant qu'agent du gouvernement, la planification ou le déclenchement d'une agression contre un certain groupe ou une population dans le but de faire des victimes ou des prisonniers[216]. Ces enfants peuvent devenir de vrais agresseurs qui commettent volontairement des crimes graves soit en tant que commandants ou soit pour avoir une promotion[217]. Dans ce cas, cet enfant dirigeant joue le rôle d'un commandant lorsque celui-ci – en qualité de son statut militaire dans la force guérilla, paramilitaire, groupe rebelle ou armée régulière – commande un groupe armé[218].

---

[213] *Supra*, note 30.

[214] *Supra*, note 210.

[215] **ICC-01/04-101,** 17 janvier 2006

[216] Section 1.2.2 ACDI. *Cf.* Définition du concept d'enfant agresseur.

[217] C. KEITESI, *op. cit.*, note 28, p. 101.

[218] R. HARVEY, *op. cit.*, note 22, p. 51.

En fait, le droit international humanitaire tient compte du caractère hiérarchique des forces armées et de la discipline qu'y font régner les commandants; et, il impose des obligations précises à ces derniers et engage leur responsabilité pénale individuelle dans certaines situations. Le droit humanitaire établit la responsabilité pénale des commandants qui donnent à leurs subordonnés des ordres qui violent le droit humanitaire, laissent leurs subordonnés commettre de telles infractions, ne prennent pas de sanction contre des subordonnés ayant violé le droit humanitaire de leur propre initiative en dépit du fait qu'ils n'ont pas connaissance que ces violations sont en train de se dérouler[219]. Indépendamment de la responsabilité du commandant, l'individu qui reçoit les ordres a également une obligation envers le droit international humanitaire. Donc, toute personne (enfant ou adulte, commandant ou autre) qui commet un acte criminel est personnellement et pénalement responsable de ses actes[220].

4.3.4   Les agresseurs des enfants soldats

On n'a jamais ignoré que les enfants peuvent être manipulés pour commettre des crimes horribles. Ces seigneurs de la guerre et leurs complices qui exploitent et utilisent les enfants pour accomplir leurs ambitions personnelles doivent nécessairement répondre aux violations des normes du droit international humanitaire et du droit international des droits de la personne qui les obligent à ne pas enrôler, utiliser et impliquer les enfants dans les conflits armés. En fait, contraindre un enfant non consentant à participer à des actes criminels est une forme de crime contre l'humanité. Malgré que les agresseurs des enfants puissent être eux-mêmes des enfants, il faut que les gouvernements

---

[219]   Art. 49 CG I et II; art. 129 CG III; art. 146 CG IV; art. 86.2 Protocole I CG.

[220]   Art. 3 Convention de la Haye (1907); art. 49 CG I; art. 50 CG II; art. 129 CG III; art. 146 CG IV; art. 75.4 (b), 86, 87 Protocole I CG. *Cf.* Art. 25 (a), (c) et (i) SR-CPI.

aient la volonté d'adopter et appliquer une législation interdisant de maltraiter et d'exploiter les enfants et les jeunes ainsi que de les utiliser pour des actes criminels[221]. La communauté internationale a une grande responsabilité et doit aussi avoir la volonté pour arrêter et juger ces seigneurs de la guerre sans toutefois vouloir les apaiser pour des raisons qui sont souvent indépendantes de leur décision de rendre justice aux victimes.

4.4 Le statut non-paradoxal de l'enfant soldat à la suite des conflits armés

Il n'y a pas de doute, durant un conflit armé, le droit international considère les enfants soldats comme des victimes même s'ils ont commis des crimes majeurs. Au regard du droit international, ces enfants ne doivent pas non plus être tenus responsables une fois que ces conflits sont terminés[222]. En effet, sur le plan international, la responsabilité pénale de ces enfants n'existe tout simplement pas durant ou après les conflits armés; elle serait plutôt l'affaire du droit interne. Mais les ordres étatiques nationaux ne peuvent qu'être sensibles aux pressions du droit international, qui veulent que l'enfant agresseur soit considéré comme une victime. En effet, soumis à une forte influence du droit international, le droit interne y succombe naturellement, surtout lorsque son système judiciaire est défaillant. Il est fréquent qu'à cause d'un manque de ressources humaines et matérielles, l'État-membre ne soit pas en mesure de prendre en charge les problèmes qui s'inscrivent dans la suite du conflit armé: la corruption, le trafic de la drogue et un manque d'expérience démocratique. Ces problèmes

---

[221] Art. 53 PDR

[222] Art. 26 SR-CPI

pérennisent la défaillance du droit interne et deviennent ainsi des obstacles à la reconstruction d'un état de droit, à l'obtention de la justice pour les victimes, au désarmement, à la démobilisation, à la réinsertion et la réhabilitation de ces enfants ou anciens combattants.

Le droit international se préoccupe-t-il vraiment du taux de satisfaction des victimes qui sont des enfants soldats et des victimes des enfants soldats? Et le taux de satisfaction des agresseurs qui sont pour la plupart des enfants soldats? En fait, dans le but de promouvoir la paix et la réconciliation, les acteurs internationaux au niveau du Conseil de sécurité de l'ONU semblent opter pour l'impunité[223], oubliant ainsi l'objectif de la résolution 1674 qui souligne que « les États ont l'obligation de mettre fin à l'impunité et de traduire en justice quiconque est responsable des crimes de génocide, des crimes de guerre, de la purification ethnique et des crimes contre l'humanité »[224]. Ainsi, la satisfaction de voir la vérité connue au grand jour et d'encourager les victimes à exercer leurs droits les plus fondamentaux est menacée : d'une part, les victimes ne peuvent pas obtenir justice et, d'autre part, les agresseurs sont récompensés.

---

[223] F. BOUCHET-SAULNIER, *op. cit.*, note 109, p. 268. *Cf.* Les agresseurs et violateurs des normes internationales se voient souvent accorder l'immunité avec des réserves qui sont basées sur des conditions précises. Pour nous, cette immunité – qui accorde aux violateurs les bénéfices d'éviter les poursuites judiciaires – encourage une impunité qui peut découler d'un dysfonctionnement ou d'une disparition de l'appareil judiciaire. Aussi, en droit international, l'impunité découle essentiellement de l'absence d'appareil judiciaire apte à juger les manquements aux règles établies. Ce sont les tribunaux nationaux qui assument le plus souvent la sanction pénale des crimes. Et, les crimes de guerre ou crimes contre l'humanité qui sont commis par les représentants de l'État ou sous leur commandement pendant les périodes de conflits armés sont donc particulièrement difficiles à réprimer.

[224] CS Res. 1674, 28 avril 2006, § 8.

4.4.1   Les enfants soldats : victimes ou agresseurs

Durant les conflits armés, les enfants soldats qui sont victimes d'actes de criminalité ou d'abus de pouvoir[225] de la part des seigneurs de la guerre vont aussi faire leurs propres victimes. Après ces conflits armés, ces victimes ont droit aussi « à l'accès aux instances judiciaires et à une réparation rapide du préjudice qu'elles ont subi comme prévu par la législation nationale » ou internationale.[226] Ces auteurs d'actes criminels, en l'occurrence des agresseurs, doivent « réparer équitablement le préjudice causé aux victimes, à leur famille ou aux personnes à leur charge »[227]. En considérant ces obligations, il faut reconnaître que des millions d'enfants et d'adultes « à travers le monde subissent des traumatismes liés à la criminalité et à l'abus de pouvoir » et que ces enfants et adultes, « dont les droits n'ont pas été adéquatement reconnus, risquent de souffrir d'autres préjudices dans le processus de justice »[228].

En effet, malgré ces dispositions juridiques et légales du droit international, la communauté juridique internationale préfère ne pas déférer l'enfant-soldat à un tribunal international, mais plutôt à un tribunal interne pour être jugé et condamné. En fait, après le génocide au Rwanda, plus de 4 454 ex-enfants combattants ont été arrêtés pour crimes contre l'humanité et de génocide à la suite de l'organisation du *Gacaca*[229], une forme de système de justice participative et populaire

---

[225] *Supra*, note 197; *id.*, note 198.

[226] Art. 4, AG Res. 40/34, 29 novembre 1985 (*cf. Accès à la justice et traitement équitable*).

[227] *Id.*, art. 8 (*Obligation de restitution et de réparation*).

[228] *Supra*, note 154.

[229] Signifie littéralement « gazon » en langue kinyarwanda. Ce système judiciaire est créé par l'article 2 de la loi organique No. 40/2000 qui, suivant l'article 74 (1), reconnaît l'âge de 14 ans comme l'âge de la responsabilité pénale au moment de l'infraction (*supra*, note 3).

avec la seule mission de juger les « crimes graves ». Dans ce système judiciaire, les enfants accusés ont été classés suivant la gravité des infractions commises et leurs peines ont été réduites[230]. Cependant, malgré que ce système semble fonctionner pour les victimes du crime de génocide, on peut constater deux problèmes : d'une part, il n'y a « aucune garantie procédurale » pour ces enfants qui sont placés dans des centres de rééducation et, d'autre part, ceux qui purgeaient leurs peines « subissent la même procédure que les adultes »[231].

Du côté du droit international, la meilleure façon d'aider ces enfants, autrefois cruels, barbares et inhumains, serait de ne pas les appeler à la barre. En fait, la représentante du Fonds des Nations Unies pour l'Enfance (UNICEF) à Freetown, au Sierra Leone, en dépit du fait qu'elle reconnaît que ces « petits soldats » sont coupables, pense que « les placer devant une Cour spéciale reviendrait à punir une seconde fois des enfants qui sont avant tout des victimes [de conflits armés] »[232]. Selon la représentante de l'UNICEF, si l'Organisation des Nations Unies (ONU) prend la décision de juger les enfants soldats, elle n'oserait imaginer ce qui attend ces enfants[233]. David Crame, le Procureur du Tribunal Spécial pour la Sierra Leone (TSSL), affirme que les enfants de moins de 18 ans ne seront pas déférés ou jugés; mais, il fera en sorte que « ceux-là qui forcent les enfants à commettre des crimes horribles » soient jugés[234].

Vu la façon de penser des représentants officiels du droit international sur les auteurs et acteurs des conflits armés, quel genre

---

[230] N. ARZOUMANIAN et F. PIZZUTELLI, *loc. cit.*, note 3, p. 848.

[231] *Id.*

[232] Roch SONNET, « Johana Van Guerten : pas d'enfants-soldats à la barre. Juger les enfants-soldats ? », Afrik.com, 13 octobre 2000.

[233] *Id.*

[234] R. HARVEY, *op. cit.*, note 22, p. 80.

de messages envoient-ils aux victimes de ces conflits qui se terminent parfois en génocide? Quel genre de messages envoient-ils aussi aux acteurs et auteurs de ces conflits? Que peut-t-on dire de la jeunesse Hutu qui est venue avec des bâtons ou des *cocomacac* et des machettes pour éliminer les Tutsis? Que peut-on dire de ces jeunes miliciens qui, venant terminer les survivants, ont pris ces petits enfants par les jambes pour les frapper ensuite sur le mur[235]? On se demande ce qui pourrait vraiment arriver à ces enfants-soldats si ces enfants [agresseurs] devaient se présenter devant un tribunal international pour mineurs.

4.4.2   Les agresseurs : enfants soldats et seigneurs de la guerre

En juin 2004, la Cour d'Appel du Tribunal Spécial pour la Sierra Leone (TSSL) a rendu une décision historique en statuant que le recrutement d'enfants de moins de 15 ans constitue un crime de guerre en droit international coutumier[236]. Ce même tribunal avait aussi trois options pour juger des ex-enfants combattants : « fixer la responsabilité pénale à 18 ans, mettre sur pied une commission de vérité et soumettre ces enfants à un processus judiciaire devant un tribunal respectueux des normes internationales en matière de justice juvénile »[237]. La dernière option a été choisie sous forte pression de la société civile et des membres du gouvernement, ce qui devait permettre au Tribunal Spécial pour la Sierra Leone (TSSL) d'être le premier tribunal international à juger des enfants soldats pour crimes de génocide et des crimes contre l'humanité[238]. Cependant, comme

---

[235] *Supra*, note 24. *Cf.* Témoignages de Louis Rutaganira, un commerçant Tutsi.

[236] *Prosecutor v. Sam Hinga Norman*, SCSL-2004-14-AR72 (E), 31 May 2004

[237] N. ARZOUMANIAN et F. PIZZUTELLI, *loc. cit.*, note 3, p. 852.

[238] *Id.* (*Cf.* S/2000/915, 4 octobre 2000). En vue de pouvoir juger les enfants-soldats [agresseurs], le rapport a remplacé l'expression « ceux qui portent la responsabilité la plus lourde » de la *résolution 1315* du 14 août 2000, (voir para. 3) par l'expression « les principaux responsables » (voir partie C, para. 29 du rapport sur la *Compétence ratione personae*).

cela a été prédit vu le plan habituel de la Communauté internationale envers les pays pauvres en situation de conflit armé, David Crane, le procureur du tribunal a refusé la troisième option malgré tout que le tribunal puisse maintenant traduire en justice, selon la gravité de leurs crimes, les enfants de 15 à 18 ans[239].

En dépit de tout, nous pouvons dire que La jurisprudence du Tribunal Spécial pour la Sierra Leone (TSSL), en l'occurrence des condamnations prononcées à l'encontre de recruteurs d'enfants soldats, a un impact positif sur le recrutement et l'implication des enfants dans des futurs conflits armés bien que ce problème particulier n'ait pas été la raison directe de ces condamnations[240]. En effet, Thomas Lubanga est devenu le premier seigneur de la guerre à être accusé de crime de guerre pour le recrutement à grande échelle et l'utilisation dans le cadre des hostilités d'enfants soldats[241]. Après la confirmation des charges contre Lubanga[242], dans le cadre d'une première audience, Luis Moreno-Ocampo – le procureur de la Cour pénale internationale – a affirmé que la Cour menait des investigations au Darfour et que des mandats d'arrêt avaient déjà été lancés contre Joseph Kony[243] et ses lieutenants, établis au nord de l'Ouganda, pour crimes de guerre et pour avoir recruté et conscrit des enfants-soldats dans des conflits armés[244]. En dépit de ce progrès de la Cour pénale international et

---

[239] R. HARVEY, *op. cit.*, note 22, p. 80.

[240] Le Tribunal pénal international pour le Rwanda a rendu quatre jugements dans les affaires contre Clément Kayishema, Obed Ruzindana, Omar Serushago, Jean-Paul Akayesu et Jean Kambanda pour génocide et crimes contre l'humanité entre septembre 1998 et mai 1999.

[241] *Supra*, note 58. Voir aussi note 59.

[242] *Le Procureur c. Thomas Lubanga Dyilo*, ICC-01/04-01/06, 9 novembre 2006. *Cf.* Après une audience préliminaire en septembre 2007, la cour et la défense acceptent pour que le procès débute le 31 mars 2008.

[243] *Supra*, note 20.

[244] *Opening Remarks: Fifth Session of the Assembly of State Parties*, The Hague, 23

des tribunaux spéciaux, on assiste à une offre quasi systématique d'immunité par les acteurs internationaux à l'égard des seigneurs de la guerre, violateurs des normes internationales humanitaires et des droits de la personne. Cette immunité, ou impunité proprement dite, vient ordinairement sous les formes de Commission de Vérité et de Réconciliation (CVR) et du programme de Désarmement, de Démobilisation et de Réinsertion (DDR) de l'Organisation des Nations Unies (ONU). Cependant, la *Convention relative aux droits de l'enfant* (CDE) prévoit que « l'État doit prendre des mesures pour favoriser la réadaptation physique et psychologique et la réinsertion sociale des enfants victimes de toute forme de négligence, d'exploitation ou de sévices, de torture ou de toute forme de peines ou traitements cruels, inhumains ou dégradants, ou de conflit armé »[245].

Alors qu'avec ces programmes, les principaux agresseurs jouissent de l'impunité purement et simplement. En effet, le mandat de ces commissions de vérité n'est pas basé sur une quête de justice, mais plutôt « pour explorer la plénitude des expériences » des agresseurs afin de « comprendre leurs motivations »[246]. Ces commissions ne cherchent pas non plus à explorer la culpabilité de ces enfants, mais plutôt à « examiner leur rôle comme ces agresseurs » afin « d'empêcher de futurs conflits »[247]. Comment ces commissions peuvent empêcher de futurs conflits lorsque ces enfants qui sont psychologiquement traumatisés se font offrir une amnistie générale sans être intégrés dans un programme de réhabilitation? En fait, la Commission de Justice et Paix de la République Démocratique du Congo (RDC) n'a pris

---

November 2006.

[245] Art. 39 CDE

[246] SIERRA LEONE TRUTH AND RECONCILIATION COMMISSION, *Witness to truth: Children and the Armed Conflict, Report 2002-2006*, Freetown, Truth and Reconciliation Commission, 2006, p. 232-338

[247] *Id.*, p. 286, para. 225.

aucune mesure pour aider ces enfants[248]. Et, qu'en est-il du programme de désarmement de l'Organisation des Nations Unies (ONU)?

Le programme de désarmement, de démobilisation et de réinsertion (DDR) continue aussi à offrir de l'impunité à grande échelle. Par exemple, à un certain moment, Kyungu Mutanga Gédéon – commandant du groupe paramilitaire terrible et craintif connu sous le nom de Mai Mai – était l'homme le plus recherché par la Mission des Nations Unies au Congo (MONUC) pour crimes de guerre et pour avoir recruté et conscrit les enfants-soldats dans les conflits armés. Cependant, ce chef de guerre va probablement être nommé commandant dans l'armée congolaise à la condition qu'il mette fin aux massacres[249]. Dans la province de Bunia, en République Démocratique du Congo (RDC), les deux principaux groupes rebelles[250] ont décidé de se désarmer en échange d'amnistie et de positions dans les forces armées gouvernementales suite à un accord de paix entamé par l'ONU depuis l'année 2002. Heureusement, le 5 mars 2009, Gédéon a été trouvé coupable pour crimes contre l'humanité et a été condamné à mort par un tribunal militaire de la RDC.

D'autre part, sous les dictas de la Mission des Nations-Unies pour la Stabilisation en Haïti (MINUSTAH), le gouvernement haïtien a mis sur pied la Commission Nationale de Désarmement, de Démobilisation et de Réinsertion (CNDDR). Cependant, plus de 40 millions de dollars américains sont déjà utilisés dans ce programme sans avoir un succès réel du fait que les *chimères*, membres de groupes armés, essaient de se donner du temps. En fin de compte,

---

[248] N. ARZOUMANIAN et F. PIZZUTELLI, *loc. cit.*, note 3, p. 847.

[249] Juliette L. DORÉ et Anneke V. WOUDENBERG, « Le Congo ne peut cautionner l'impunité des seigneurs de guerre », Human Rights Watch, 19 novembre 2006.

[250] Mouvement Révolutionnaire du Congo et Matate de Cobra.

le gouvernement – pour apaiser ses supporteurs (les chimères) – a décidé de nommer Jean-Baptiste Jean-Philippe, alias *Samba Boukman,* comme membre de la commission de désarmement. En fait, Samba Boukman a été le porte-parole de l'Opération Bagdad qui a contribué à l'assassinat de plus de 1 939 victimes dont 108 policiers, 10 casques bleus et 4 journalistes[251]. Selon Anneke Van Woudenberg, chercheuse de Human Rights Watch, ce type d'accord ne peut rien apporter de bon. On peut aisément prévoir qu'un rebelle, voulant devenir colonel, décide de prendre les armes et commence à tuer des gens[252].

En effet, les seigneurs de la guerre ne voient qu'eux-mêmes à cause de leurs ambitions personnelles. Et, lorsqu'ils mobilisent leur force brutale, c'est toujours au nom du peuple ou au nom de la démocratie. Ils ne réalisent pas que « lorsqu'ils commandent à des enfants soldats de tuer, ils déclenchent une série de réactions psychiques »[253] chez ces enfants qui ne pourront pas trouver l'aide nécessaire surtout lorsque leur double statut juridique reste ambigu. En fait, Jan Egeland, Secrétaire général adjoint aux affaires humanitaires, a suggéré au Conseil de sécurité de transformer la résolution 1674 en une véritable plateforme d'action pour mettre fin aux souffrances[254]. Il veut que le Conseil de sécurité s'engage plus systématiquement dans les situations de crises, qu'il maintienne des opérations de la paix plus intégrées, qu'il renforce sa réponse humanitaire et qu'il mette en place dans de nombreux endroits des recours judiciaires plus efficaces. Il pense que les Casques bleus ne sont pas formés pour relever les défis posés par

---

[251] *Communiqué de presse : Inquiétude du RNDDH face à l'escalade de dérapages dans la gestion des affaires de l'État,* Réseau National de Défense des Droits Humains (RNDDH), 19 septembre 2006.

[252] « Congo's holdout militias agree to disarm », CNN.com, 27 July 2006

[253] *Supra*, note 30.

[254] « Transformer la résolution 1674 en plateforme d'action, demande Jan Egeland », Centre de Nouvelles ONU, 29 juin 2006.

les « Jeunes patriotes » qui ont recours à la violence des rues et à la criminalité. C'est à se demander quel est l'objectif réel de l'ONU dans un pays comme Haïti où des milliers de jeunes enfants qui vivent dans les quartiers pauvres décident de se faire recruter par des loups en habit de moine pour faire taire l'arme de la dialectique par la dialectique des armes.

PARTIE III

L´Apport De La Communauté Internationale À La Résolution De La Problématique Des Enfants Soldats Opérant Dans Le Cadre De Conflits Armés : Le Cas D´Haïti

CHAPITRE 5

Genèse Et Évolution De La « Guerre Civile » En Haïti: Un Débat Ouvert

L'évolution de la situation chaotique en Ayiti[255] remonte de très loin et, ceci, depuis le débarquement de Christophe Colomb, en décembre 1492, dans cette île enchantée où vivaient 1 100 000 indiens. Les Espagnols, par leur grand besoin de main d'œuvre pour s'enrichir rapidement, forcent les premiers habitants de l'île à travailler jour et nuit dans des mines d'or. En l'espace de vingt ans seulement, c'est-à-dire en 1516, il ne reste que 16 000 indiens vivant sur tout le territoire! Devant cette hécatombe, le prêtre Jésuite Bartolomé de Las Casas – surnommé le « Protecteur des indiens » – présente aux autorités espagnoles son « Mémoire de quatorze remèdes » dans lequel il prône non seulement la fin des travaux forcés pour les « indiens », mais aussi l'esclavage des Noirs d'Afrique sur les terres indiennes afin de compenser la mortalité des indigènes. Suite à son lobbysme en faveur des « Indiens » auprès de la reine Isabelle, en moins de dix ans, plus de 9 000 Noirs sont amenés d'Afrique, ce qui marque ainsi le début de la traite négrière sur tout le continent américain.

Inconnus dans le nouveau monde et éloignés de leur environnement naturel et familial, ces Noirs géants et forts, mais aussi très jeunes, ne resteront pas dociles trop longtemps. Plusieurs fuites, tentatives de fuites et quelques incendies sont recensées sur des

---

[255] Signifie en langue indienne (Taïnos) « *terre des hautes montagnes* »; appelé aussi *Hispaniola* (petite terre d'Espagne) par les Espagnols et *Saint-Domingue* par les Français.

plantations et d'autres propriétés. Le pire, avec l'arrivée des Français – nouveaux maîtres du nouveau monde – ces fuites deviennent de plus en plus organisées en vue de combattre l'esclavage. En fait, commençant dès 1702, le « marronnage[256] » permet aux esclaves de maintenir à la fois leur tradition guerrière et d'acquérir de la compétence dans le maniement des armes. C'est très probablement à cette époque que l'on recense les premiers enfants-soldats sur le continent américain. En effet, un groupe de *marrons* peut avoir entre 1 500 à 2 000 hommes et enfants armés[257]. Suivant l'ampleur du mouvement, plusieurs groupes peuvent se rapprocher par un commun accord. Durant le mois d'avril 1798, Toussaint est devenu le leader des *Congos*[258] et il est maintenant prêt à se battre contre le commissaire Gabriel Hédouville, un girondin, lequel a une mission secrète du général Napoléon Bonaparte de rétablir l'esclavage sur l'île[259]. En fait, dans une lettre adressée au général Bonaparte, le général Leclerc se montre prévoyant et prudent à l'égard de la politique française par rapport à Haïti : « En vue de rétablir l'esclavage et d'écraser la révolution, nous devrions exterminer tous les noirs qui vivent dans les montagnes, femmes et hommes, à l'exception des enfants de moins de 12 ans »[260]!

---

[256] Forme de guérilla, dont l'un des premiers leaders est François Macandal – originaire de Guinée – durant l'époque de l'esclavage.

[257] Robert D. HEINL and Nancy G. HEINL, « Written in Blood – The Story of the Haitian People: 1492-1971 », Boston, Houghton Mifflin Company, 1978, p. 29.

[258] Un groupe de 20 000 hommes et enfants armés qui ont des racines congolaises.

[259] Léger-Félicité Sonthonax, un commissionnaire Français jacobin (anti-esclavagiste), a aboli l'esclavage par un décret publié le 29 août 1793.

[260] R. HEINL and N. HEINL, *loc. cit.*, note 257, p. 170. Notons aussi que le général Leclerc est très catégorique à propos du statut des enfants de plus de 12 ans. Selon lui, ces enfants sont dangereux du fait qu'ils sont entrainés, armés et bien équipés.

En effet, il y a de bonnes raisons pour que les Français aient peur de ces enfants de plus de douze ans du fait que certains d'entre eux ont eu l'occasion de participer à des conflits internationaux. Par exemple, le 8 septembre 1779, Henry Christophe (âgé de 12 ans et futur général de l'armée colonial)[261], Jean Pierre Boyer (âgé de 16 ans et futur président) et autres leaders de la révolution font partie d'un bataillon de plus de 500 hommes et garçons appelés « Les chasseurs volontaires de Saint-Domingue ». Ce groupe armé, sous la commande du général Français Charles d'Estaing, a pour mission de participer à la guerre de l'indépendance américaine contre les Anglais tout en apportant support, à Savannah (Georgia), aux 4 000 soldats Américains qui sont placés sous les ordres du major-général Benjamin Lincoln.

D'autres enfants, qui n'ont pas pris part à la guerre de Savannah, ont eu leurs expériences de guerre sur le champ de bataille avec des bandes armées qui luttent contre le système esclavagiste. En effet, après la mort du prêtre vodou Boukman, un leader Marron, Jeannot devient le leader de plus de 6 000 hommes armés parmi lesquels des enfants qui ont moins de douze ans. En août 1791, ce groupe d'insurgés est armé de fusils, de couteaux, de bâtons, de piques et de toutes sortes d'ustensiles de cuisine et de ferme ou d'objets tranchants[262]. Ils tuent les hommes, violent leurs femmes et mettent le feu à leurs habitations[263].

---

[261] Considéré, à cause de sa notoriété, comme le premier enfant-soldat haïtien; il est engagé dans la guerre de l'indépendance américaine comme tambourineur.

[262] R. HEINL and N. HEINL, *loc. cit.*, note 257, p. 29.

[263] Notons que les Espagnols et les Français ont aussi violé les femmes noires tout en agissant avec cruauté contre les hommes. Ces viols ont ainsi contribué à une nouvelle classe sociale d'hommes et de femmes, qui sont appelés sang-mêlé ou mulâtres.

Les Espagnols et les Français, eux, ont pu contrôler cette insurrection grâce à des armes puissantes. En effet, plusieurs leaders marrons ont été décapités; leurs têtes étaient empalées sur des piquets alignés au bord des sentiers en signe d'exemple aux futurs insurgés[264]. Après cette menace, les chefs des marrons ont compris qu'ils auraient un jour à se soumettre ou se mettre soit du côté des Espagnols ou des Français – deux ennemis mortels[265] – afin de s'entraîner et d'être mieux équipés. À part de ces expériences de guerre, certains « chasseurs volontaires » et d'autres leaders notoires des bandes armées, comme Toussaint, Jean-François et Biassou, deviennent des agents doubles qui travaillent pour le compte des autorités françaises et espagnoles.

5.1 La violence en Haïti

Le 1er janvier 1804, après des combats héroïques contre les troupes françaises, le général Jean-Jacques Dessalines – le nouveau leader[266] de l'armée indigène et d'autres groupes armés – proclame Haïti un pays indépendant. Malgré tout, Haïti est comme « un baril de poudre que la moindre étincelle pourrait faire exploser! » Quelques semaines plus tard, on assiste à des exécutions sommaires sur les places publiques des grandes villes du pays : des enfants, armés d'épées et de poignards, se mettent à couper la gorge des traîtres et de leurs anciens maîtres.

---

[264] Plus de 1 000 plantations sont détruites et 10 000 esclaves insurgés ont perdu leur vie.

[265] Ces deux puissances coloniales, et même les Anglais, se battent entre eux pour avoir le control de l'île.

[266] Le gouverneur-général Toussaint Louverture, soupçonné de complot et de rébellion, est arrêté par les forces françaises et est mort en captivité le 8 avril 1803 au Fort de Joux, en France. Sa mort a laissé le leadership de la révolution au général noir Jean-Jacques Dessalines.

ENFANTS SOLDATS: VICTIMES ET AGRESSEURS

De 1804 à nos jours, Haïti connaît une succession de gouvernements éphémères ayant succombé à des guerres civiles et des tensions internes. Même le père de l'indépendance haïtienne n'est pas épargné par cette violence inouïe. En effet, le 17 octobre 1806, Dessalines – accusé de tyrannie et d'une politique agraire insupportable pour la population – est assassiné sous les complots de ses propres et anciens collaborateurs[267]. En 1807, le pays est maintenant divisé en deux républiques : la république de l'ouest (dirigé par Alexandre Pétion, un mulâtre) et la république du nord (dirigé par Henri Christophe, un noir et un ancien enfant soldat dans la guerre de Savannah)[268]. En avril 1844, Louis Jean-Jacques Accau – un ancien membre du groupe armé les *Congos* – est à la tête d'un groupe armé dénommé *Armée Souffrante*. Son groupe, armé de machettes, de quelques fusils rouillés et des lances, est composé de 2 000 cultivateurs (adultes et enfants) qui habitent les mornes et les vallées de Camp Perrin. Les objectifs du groupe, appelé maintenant les *Piquets*, sont de renverser le gouvernement de Rivière Hérard et de saisir leurs biens et propriétés. En vue d'empêcher le groupe armé des Piquets d'atteindre ses objectifs, le gouvernement demande au colonel Faustin Soulouque – un ex-enfant soldat de l'armée révolutionnaire – de former et de diriger un groupe armé qui lui soit loyal avec ses partisans de l'Ouest. Cette bande armée loyale, appelée les *Zinglins*, devient ainsi la bête noire des Piquets. Les insurgés du Nord, eux, sous le leadership de Nissage Saget, s'organisent dans l'opposition avec leur groupe armé appelé les *Cacos* en vue d'opposer les Zinglins et les Piquets. En février 1869, des jeunes – âgés de 14 à 17 ans et membres du groupe armé les Piquets – ont assiégé la prison de la ville des Cayes où ils ont fait un vrai carnage!

---

[267] L'un de ses collaborateurs est Henri Christophe, un ex-enfant soldat. *Supra*, note 261.

[268] La république de l'ouest a une armée de 22 200 soldats et celle du nord a une armée de 19 400 soldats.

Il est important de mentionner qu'un enfant soldat haïtien, même durant l'époque coloniale, ne devient pas volontairement membre d'un groupe armé. Souvent, cet enfant est forcé de joindre la rébellion. La description la plus détaillée de ces genres d'enrôlements forcés vient d'un diplomate américain durant la guerre civile de 1868: « le recrutement a été toujours fait par groupe et par la force du bâton: dans les zones montagneuses, ils [les nouveaux recrus] sont poussés comme des animaux sauvages et amenés dans les villes comme un bétail avec leurs jambes attachées avec une corde assez longue pour leur permettre de marcher, les bras liés derrière eux. Ces gens sont âgés de 14 à 65 ans. Si quelques uns y résistent ou tentent de s'y échapper, ils sont fusillés pendant qu'ils s'enfuient »[269]. Une cinquantaine d'années plus tard, les mêmes formes de recrutement continuaient. En effet, en mars 1910, le président haïtien Antoine Simon ordonnèrent à ces officiers d'aller dans les champs, dans les rues, d'entrer dans les maisons durant la nuit et de saisir des hommes. Tous les deux jours, le général en charge du recrutement envoyait à Port-au-Prince ces jeunes, souvent des enfants, afin qu'ils deviennent des soldats pour combattre dans son armée. Les plus vieux, eux, sont pénalisés et sont forcés de payer les frais de leur recrutement selon leur moyen économique[270]. Entre-temps, le gouvernement veut améliorer les conditions de la population. Malheureusement, le président – un civil – se heurte à la position traditionnelle de l'armée qui refuse toujours d'entreprendre des réformes. En vue de contrer l'armée, le président Antoine Simon décide d'intégrer les membres du groupe armé *Zinglins* au sein de son gouvernement sous l'appellation officielle de Service de la Sûreté. Ainsi, les membres du groupe armé les Zinglins deviennent officiellement les membres de la nouvelle police secrète. En avril 1915,

---

[269] R. HEINL and N. HEINL, *loc. cit.*, note 257, p. 327. Voir aussi Annexe (figure 6).

[270] *Id.*, p. 360.

le gouvernement de Guillaume Sam se trouve en face d'une rébellion des *Cacos* dans le nord. En vue de contrer ces révoltes et de maintenir son armée, il emprunte les mêmes méthodes de recrutement de ses prédécesseurs. Les recruteurs vont de porte à porte, de village en village en battant les jeunes garçons et enfants – après les avoir attachés avec des cordes – pour les forcer à joindre l'armée.

Cependant, avec l'occupation américaine de juillet 1915, l'armée indigène et les autres forces de police sont déstabilisées. Avant l'occupation, l'armée comptait 9 000 soldats dont 308 généraux, 50 colonels et les moins gradés. Durant l'occupation, en février 1916, les États-Unis ont créé un corps de Gendarmerie qui a un effectif de 1 500 hommes pour sécuriser le pays[271]. En juin 1916, le nombre a augmenté de 2 553 soldats incluant 115 officiers américains. Cependant, beaucoup d'ex-combattants des groupes armés ont été intégrés dans la nouvelle force de police. En septembre 1919, on a recensé plus de 131 attaques des groupes armés contre les Marines et la Gendarmerie. Les *Cacos* étaient les plus actifs dans ces attaques. Considérés alors comme des nationalistes, ils étaient très fougueux et ils utilisaient des techniques de guérilla. Charlemagne Péralte, un enfant soldat qui, à 22 ans, devint le leader des Cacos. Il était l'homme le plus dangereux et le plus recherché sur le territoire haïtien. Finalement, il fut trahi par un de ses collaborateurs et à la suite de son arrestation, il fut exécuté par les soldats américains et son corps exposé sur la place publique pendant plusieurs jours. Cependant, l'occupation prit fin en 1934; mais, les insurrections et les révoltes continuèrent. Avant leur départ, les Américains mirent sur pied l'École Militaire, devenue – en 1921 – l'Académie Militaire, laquelle opta pour une politique d'exclusion sociale en acceptant seulement des officiers de la garde présidentielle dont les membres étaient tous des mulâtres qui

---

[271] Article X, *Convention entre la République d'Haïti et les États-Unis d'Amérique*, 17 septembre 1915.

faisaient partie de l'élite et de la bourgeoisie haïtienne[272]. Par ailleurs, en 1923, un corps de police rurale fut formé, composé de 551 chefs de section ou adjoints des soldats, en vue de patrouiller et de sécuriser les zones éloignées[273]. En 1928, la Gendarmerie devint la Garde d'Haïti afin de professionnaliser l'institution par la construction de postes de police, prisons, douanes et postes de pompiers.

En 1954, après le coup d'état du général Kébreau contre le gouvernement populiste de Daniel Fignolé, les jeunes de La Saline[274] et du Bel-Air[275] – regroupés sous le terme révolutionnaire de *Rouleau Compresseur* – envahirent les rues de Port-au-Prince pour les mettre à feu et à sang. En attaquant Fort-Dimanche, plus de 500 jeunes succombèrent sous la mitraille des militaires. En septembre 1957, François "Papa Doc" Duvalier prit le pouvoir. Sa pratique du Pouvoir amena à penser qu'il voulait l'avoir pour le reste de sa vie et le transférer à son fils Jean-Claude "Baby Doc" Duvalier. En vue de maintenir ce pouvoir, il fit appel à Clément Barbot pour créer un groupe armé appelé les *Cagoulards* dont les membres venaient des quartiers les plus pauvres du pays. N'ayant pas satisfait les attentes de la population, Papa Doc voulut une force répressive qui était mieux organisée et impliquée dans la vie quotidienne de chaque citoyen. Les Cagoulards et les chefs de sections ou la police rurale devaient donc être recyclés pour former un autre groupe paramilitaire dont les membres étaient notoirement connus sous le nom de *Tonton Macoutes*. N'ayant pas confiance en la nouvelle armée haïtienne créée

---

[272] En 1929, les statistiques démontrent que moins de 40% des officiers de l'armée sont des Haïtiens.

[273] Martin-Luc, BONNARDOT et Gilles DANROC, «La chute de la maison Duvalier : Textes pour l'histoire», Montréal, Éditions KARTHALA, 1989, p. 124.

[274] Quartier populaire dans les limitrophes de Port-au-Prince.

[275] *Id.*

par les États-Unis et alors appelée officiellement les Forces Armées d'Haïti (FAD'H), lesquelles avaient un effectif de 5 000 soldats, Papa Doc augmenta l'effectif de sa force paramilitaire, laquelle totalisa 25 000 membres. Les Tontons Macoutes devaient contrebalancer le poids de l'armée, qui était pour certains une force professionnelle et traditionnelle dans la déstabilisation des gouvernements civils. Il s'agissait d'offrir aussi aux Noirs une milice populaire pour faire face au pouvoir mulâtre[276].

Vers la fin de 1959, les Tontons Macoutes avaient un équipement reconnaissable entre mille : des lunettes noires, des blue jeans et comme armes, de vieux fusils et des machettes. Ils étaient connus partout comme la *Milice Civile* du gouvernement. Outre l'objectif de contrebalancer les forces armées, la mission principale de ce corps paramilitaire était de jouer le rôle d'informateur et de détecter les complots tels que les invasions de Fort Liberté et de Ouanaminthe par le général Cantave en septembre 1963[277]. Deux ans plutôt, Papa Doc avait fermé les portes de l'Académie Militaire et, en 1964, après la mort de Clément Barbot, il rebaptisa la milice sous le nom officiel de *Volontaires de la Sécurité Nationale* (VSN) et la plaça sous le contrôle direct du Président. De jeunes hommes et femmes, de quartiers pauvres et des zones rurales, furent recrutés et intégrés dans la milice. Une branche du corps des VSN, créée seulement pour femmes et dénommée *Fillettes Laleau*, est dirigée par Rosalie Bousquet − notoirement connue sous le nom de Madame Max Adolph − commandant de Fort-Dimanche et, plus tard, chef de la milice. Contrairement au recrutement traditionnel des filles en Afrique, ces « recrues » ne sont pas des objets sexuels et ne doivent pas

---

[276] M.-L. BONNARDOT et G. DANROC, *loc. cit.*, note 273, p. 124.

[277] Le général Cantave a organisé son invasion avec son groupe armé de 210 hommes, parmi lesquels le populaire enfant-soldat, Bernard Sansaricq, qui est fraîchement gradué de Bordentown Military Institute.

être soumises aux hommes ou avoir à cuisiner pour leurs homologues masculins. Cependant, elles sont armées jusqu'aux dents. Elles sont impitoyables et souvent plus dangereuses que les hommes eux-mêmes. Les filles et les femmes qui ont rejoint le groupe se donnent généralement au service mieux que les macoutes de sexe opposé[278].

Avec la mort du « président à vie » François "Papa Doc" Duvalier, en avril 1971 et l'accession de son fils Jean-Claude "Baby Doc" Duvalier, l'armée est revenue au pouvoir en catimini: hommes en vert olive (les soldats) et hommes en bleu ciel (la police)[279]. D'autres changements peuvent être constatés avec la création du *Corps des Léopards*. Ce corps antiguérilla fait l'expérience d'une grande défaite en janvier 1982 sur l'île de la Tortue durant une invasion des *Kamoken*, le groupe armé de Bernard Sansaricq[280]. L'armée, dont l'effectif était de 5 000 soldats en 1957, comptait 7 000 soldats en 1985 avec un budget évalué à 25% des dépenses de l'État. Le pouvoir des Tontons Macoutes était alors absolu avec le support officiel de l'armée. La milice terrorisait n'importe où, n'importante quand et n'importe qui, y compris les membres du corps diplomatique, de l'armée elle-même et du clergé.

Cinq ans plutôt, Madame Horace Coriolan – commandant des Fillettes Laleau de la région de Kenscoff – utilisait quatre filles, par ailleurs ses nièces et membres de la milice, pour attaquer l'organisation *Afè Nèg Koumbit* dirigée par le Père Occide Jeanty, appelé « Pè Siko ». Celui-ci devint quelques semaines plus tard un « chef tonton macoute » pour pallier sa propre protection et à la protection de

---

[278] Elizabeth ABBOTT, « Haiti: The Duvaliers and Their Legacy », New York, McGraw-Hill Book Company, 1988, 382 p. 87.

[279] Avant 1971, les soldats étaient tous habillés en kaki.

[280] Bernard SANSARICQ, « Le pouvoir de la foi », Montréal, Éditions Du Marais, 2006, p. 104.

son organisation. D'un autre côté, l'armée s'organisait : d'une part, l'armée ou les « hommes en bleu ciel » mirent sur pied le *SD* ou Service de Détection[281], une forme de service de renseignement qui travaillait pour le compte de la dictature duvaliériste. Le Service de Détection devint quelques années plus tard le Service des Recherches Criminelles, puis plus tard, le Service Antigang. D'autre part, l'armée ou les « hommes en vert olive » continuaient à enrôler de force des jeunes paysans afin de se battre contre les *Kamoken*.

Entre-temps, les groupes d'extrême gauche regroupent et recrutent des jeunes, des étudiants et des intellectuels. Les partis politiques ont leur propre groupe armé qui fonctionne dans le noir et utilise la violence comme moyen de pression[282]. Mais, le 27 novembre 1985, l'armée réagit avec violence aux Gonaïves pour éliminer les insurgés[283] avec le support des Tontons Macoutes. Le lendemain, trois jeunes écoliers[284] furent abattus par les miliciens. Cette erreur politique monumentale permit la globalisation de la lutte armée dans les différents quartiers pauvres du pays : mobilisation et institutionnalisation à long terme du mouvement de *déchoukage*[285] par les organisations populaires en Haïti. En effet, les jeunes et les

---

[281] Police politique qui travaille de concert avec les militaires, la police et les miliciens et dont le commandant est le colonel Albert Pierre notoirement connu sous le nom de « Ti-boulé ».

[282] M.-L. BONNARDOT et G. DANROC, *loc. cit.*, note 273, p. 254.

[283] Jean-Pierre Baptiste, alias Jean Tatoune, est l'un des insurgés et jeunes leaders du mouvement révolutionnaire et anti-duvaliériste aux Gonaïves. Après son revirement en 1991, il se mit à la solde de l'armée et des néo-duvaliéristes; il devient le chef local du groupe paramilitaire *FRAPH*. On le voit, en 1994, à la tête d'un bataillon de dix soldats à Raboteau. Il est condamné aux travaux forcés à perpétuité pour sa participation au massacre. Il est échappé de prison en août 2002 et, en janvier 2004, il donne ses services à l'*Armée Cannibale* et jure de renverser le gouvernement d'Aristide.

[284] Jean-Robert Cius, Mackenson Michel et Daniel Israel.

[285] Lynchage de Tontons Macoutes et destruction de propriétés privées.

moins jeunes refusèrent d'aller à l'école par peur ou par envie de se mobiliser contre le Gouvernement. Des universitaires et des membres de syndicats appelèrent à une mobilisation générale. Des organisations mafieuses se formèrent et des politiciens subventionnèrent des groupes criminels. Il y avait multiplication d'organisations populaires dans les quatre coins du pays. De nouveaux et jeunes leaders d'organisations populaires voulurent se faire entendre en déclarant vouloir prendre « des mesures d'urgence »[286] et réactionnaires contre le gouvernement au pouvoir. Ces mouvements utilisaient des tracts et des graffitis dispersés dans les rues et sur les murs des grandes villes du pays. Par exemple, dans l'un de ces tracts numérotés et publiés incognito par les membres de l'*Opération Prends Garde*, mouvement de l'opposition, on pouvait lire : « Il faut que les jeunes obtiennent justice, il faut que les assassins soient jugés publiquement…si l'accouchement ne peut se faire naturellement, nous sommes prêts pour faire une césarienne… à bas la répression, la liberté ou la mort »! Et, quelques jours plus tard, l'*Opération Césarienne* était lancée!

Cependant, à la veille de la chute de Jean-Claude Duvalier, la milice avait un effectif de 300 000 membres, dont 40 000 armés jusqu'aux dents. Au jour du départ de Baby Doc pour l'exil, le 6 février 1986, cette milice est attaquée et mise en déroute suite à une insurrection populaire des jeunes et des vieux. Beaucoup de Tonton Macoutes furent tués, brûlés vifs[287] ou forcés de s'enfuir. Les enfants, tout comme les adultes, envahirent les rues à la recherche de leurs bourreaux tout en scandant joyeusement en créole: « Yon jou pou chasè, yon jou pou jibye »[288]! Ils se sont organisés rapidement

---

[286] *Lettre des Jeunes de l'Artibonite*, La Crête-à-Pierrot, 6 janvier 1986.

[287] Par le « Père Lebrun », une forme de torture appelée *Supplice du collier*. Les militants se servent de pneus enflammés et de la gazoline pour donner le coup de grâce à leurs victimes.

[288] Hier, c'était les chasseurs; aujourd'hui, c'est le tour des gibiers!

sous le nom de *Brigades de Vigilance*[289] pour consolider leur pouvoir. Chaque quartier avait leur propre brigade et cela entraîna le massacre d'innocents, des règlements de compte et d'autres dérives de la justice populaire. L'armée prit sa revanche[290] durant les élections de novembre 1987 en laissant les votants à la merci des miliciens qui ne firent pas de quartier avec leurs machettes et leurs mitraillettes au bureau de vote de Turgeau. En septembre 1988, les membres des *Brassards Rouges* – un groupe paramilitaire néo-duvaliériste – envahirent l'église de Saint-Jean Bosco, tuèrent une vingtaine de fidèles et mirent le feu à l'édifice pendant que le prêtre Jean-Bertrand Aristide officiait la messe. La même année, en vue de contrer sauvagement l'action des organisations populaires, un autre groupe armé appelé *Zenglendo*, dont les membres opéraient régulièrement la nuit, s'attaqua aux militants des brigades. Ce groupe paramilitaire, solidement associé aux duvaliéristes et aux néo-duvaliéristes agissait avec la bénédiction de l'armée. En 1991, les *Attachés*, un autre groupe paramilitaire qui est au service de l'armée et de la police dont le but principal était de collecter des informations sur les mouvements populaires, d'arrêter et d'éliminer les fauteurs de troubles continua cette action.

5.2 Les acteurs armés du conflit

Selon le droit international, une « guerre civile » est avant tout un conflit armé non international qui se déroule sur le territoire d'un État, entre les forces armées et des forces armées dissidentes ou des groupes armés organisés qui, sous la conduite d'un commandant responsable, exercent sur une partie de son territoire un contrôle tel qu'il leur permet de mener des opérations militaires continues et

---

[289] Avec un effectif total de 7 000 membres.

[290] Le général Henry Namphy, aussi chef du Conseil National de Gouvernement (CNG), déclare : « il n'y a qu'un seul électeur, l'armée! » *Cf.* E. ABBOTT, *op. cit.*, note 278, p. 358.

concentrées[291]. Sur ce, parlant d'Haïti, les acteurs du conflit armé sont multiples et changent plus ou moins de camp chaque fois qu'il y a une tension politique et un nouveau gouvernement. Ces acteurs sont les forces armées haïtiennes, la police nationale, les forces internationales de sécurité, les forces multinationales de sécurité et de stabilité, les partis politiques et les groupes armés anti ou pro-gouvernementaux. En effet, selon un analyste politique haïtien bien connu, « après la chute de Jean Claude Duvalier en 1986 le pays est entré dans un labyrinthe. De 1986 à 2006, ils [les acteurs] se sont lancés dans une aventure politique périlleuse sans tenir compte des difficultés relatives à la transformation des structures sociales, économiques et politiques[292] » du pays.

5.2.1   Les forces armées haïtiennes et les forces internationales et multinationales

Les Forces armées haïtiennes, telles qu'elles étaient avant le départ de Jean-Claude Duvalier, n'ont pas changé. Avec un effectif de 7 000 hommes répartis dans les différentes branches de l'armée, la police, le corps d'aviation, la marine ou les gardes-côtes, ces forces résistent aux changements et se tiennent souder à leur vieille tradition de chiens de garde. Malgré tout, on doit avouer que les Forces Armées d'Haïti (FAD'H) sont considérées comme la seule organisation hiérarchisée qui avait le mérite d'être une institution fière, forte et solide. C'est la seule institution haïtienne qui pouvait sécuriser le pays au moment de crises, de désordres et de chaos. Cependant, ces forces n'ont pas pu jouer leur rôle de catalyseur dans la stabilisation du pays. Elles ont raté leur vocation de par cette opportunité que le destin leur a présentée au lendemain de février 1986, en témoignent ces multiples bavures : en

---

[291] HAUT COMMISSARIAT, *op. cit.*, note 19, p. 79. *Supra*, note 61.

[292] Jean E. RENÉ, « Un pays perdu », Haiti Promotional Group for Democracy, 4 août 2006.

avril 1986, la mitraille de la foule par Isidore Pognon, commandant de Fort-Dimanche; le laisser-faire des groupes armés à la solde des propriétaires terriens de la région de Jean-Rabel, en juillet 1987, date à laquelle plus de 200 paysans de l'association paysanne *Tèt Ansamn* ont été tués après être tombés dans une embuscade[293]; en novembre 1987, la désaffectation des membres du Conseil Électoral Provisoire et le report des élections présidentielles; le renversement du président élu Leslie Manigat en juin 1988; la torture des « prisonniers de la Toussaint[294] » en 1989 dont le général Prosper Avril est le principal accusé; en 1990, le même général est impliqué dans « l'affaire du massacre de Piâtre », où plusieurs fermiers ont trouvé la mort après avoir été massacrés.

Cependant, la bavure principale est constituée par le coup d'État sanglant du 29 septembre 1991 contre le président Jean-Bertrand Aristide élu en février 1991 avec 67% des voix. Les forces armées auraient dû laisser à l'ordre constitutionnel la possibilité de suivre son cours au lieu de forcer le prêtre populiste à laisser le pouvoir. L'armée aurait dû jouer son rôle an tant que catalyseur de changement. En effet, au lendemain de son accession à la magistrature suprême de l'État, les discours et les actions du président n'étaient plus « catholiques » et auraient peut-être engendré sa déchéance politique. On a pu y noter une violence pouvant être considérée comme arrogante, laquelle aurait peut-être, sûrement même, noyé les chances vers la conduite d'un nouvel ordre socio-politico-économique. Cette bavure a engendré, d'une part, la démobilisation des Forces Armées d'Haïti (FAD'H) et la création d'une nouvelle force de police sous tutelle étrangère. D'autre part, elle a entraîné l'intervention sur le sol haïtien de forces

---

[293] Appelé « Le massacre de Jean-Rabel », 27 juillet 1987.

[294] Evans Paul dit « K-Plim » et Marino Étienne ont été arrêtés par l'armée durant la fête des morts.

internationales de sécurité[295] et des forces multinationales de sécurité, de paix et de stabilité[296].

Au retour du président Aristide en octobre 1994 et lors du départ en exil du général Raoul Cédras et d'autres membres de son état-major, l'armée est affaiblie et elle est à la merci d'un président que l'on pouvait alors qualifier de revanchard[297]. Un an après son retour au pouvoir et avec l'assistance de l'ONU et d'autres partenaires internationaux, une nouvelle force de police nationale est créée avec les soldats démobilisés. Quelques mois plus tard, ces derniers ne feront plus partie de cette nouvelle force[298]. En effet, dans le but de contrôler les groupes armés, l'ONU demande au gouvernement d'Aristide que le statut du personnel de sécurité armé qui ne fait pas partie de la Police Nationale d'Haïti (PNH) soit régularisé. Pour l'ONU, la régularisation de ces groupes armés est importante dans la mesure où elle va clairement permettre aux commandants de ces groupes d'être responsables des activités de leurs membres surtout lorsque ces derniers sont impliqués dans des délits ou des cas de violations des droits de l'homme. Par conséquent, selon l'ONU, les tribunaux civils du pays auraient compétence pour connaître des actes des accusés et la justice n'accorderait plus d'impunité à ceux dont les actes s'analyseraient en des crimes de guerre[299].

Avec cette nouvelle force de police et la régularisation de ces bandes armées pro-gouvernementales, le gouvernement commence à intégrer ses propres « hommes » qui n'ont aucune formation ou aucune

---

[295] Les forces armées des États-Unis et de la France.

[296] Les forces multinationales de l'ONU et de l'OEA.

[297] En 1995, le président Aristide a signé un décret démobilisant l'armée en vue de se protéger.

[298] Ces soldats sont remplacés par les membres des groupes armés pro-gouvernementaux.

[299] AG Res. 1994/67, 9 mars 1994.

éducation. Alors, on commence à avoir les anciens membres de brigade de vigilance devenus membres de cette nouvelle force de police. Ainsi, les règlements de compte commencent à se faire voir et les crimes politiques sont commis en plein jour : l'une des affaires non résolues est le double meurtre en mars 1995[300] et, d'un autre double meurtre en août 1996[301].

D'autre part, les forces internationales de sécurité et les forces multinationales de sécurité et de stabilité veulent apporter leur aide et leur soutien pour résoudre la crise haïtienne suite à une demande expresse du président Jean-Bertrand Aristide. En effet, depuis son exil, le président haïtien avait demandé aux Nations Unies et aux pays amis d'Haïti de renforcer l'embargo contre la junte militaire afin qu'il retourne au pouvoir. En février 1993, la Mission Civile Internationale en Haïti (MICIVIH) est arrivée à Port-au-Prince avec ce triple mandat : premièrement, fournir une assistance technique; deuxièmement, appuyer la mise en œuvre d'un programme de promotion et de défense des droits de l'homme; et, troisièmement, vérifier le respect par Haïti des droits de l'homme et des libertés fondamentales.

Avec l'*Accord de Governor's Island*[302], une force d'intervention américaine est arrivée en Haïti, en septembre 1994, pour sécuriser

---

[300] Mireille Durocher Bertin, avocate et opposante du gouvernement et de l'un de ses clients, Eugène Baillergeau, ont été tués par des rafales de mitraillette.

[301] Le Federal Bureau of Investigation (FBI), dans son rapport d'investigation, assure que les meurtres du Pasteur Antoine Leroy et de Jacques Florival, deux membres du Mouvement pour le Développement National (MDN), étaient imputables à des agents de l'Unité de Sécurité Présidentielle (USP) du président René Préval – le successeur et le « frère jumeau » du président Jean-Bertrand Aristide. *Cf.* Marcelle VICTOR, « Détails sur la violence et assassinats : Les Origines de la Violence Actuelle en Haïti », Haiti Promotional Group for Democracy, 3 août 2006.

[302] Signé à New York, le 3 juillet 1993, par les deux parties au conflit (Aristide et Cédras); l'une des dispositions de cet accord est le retour inconditionnel à

le pays avant le retour du président exilé. En mars 1995, l'armée américaine a cédé le contrôle de la force d'intervention aux forces multinationales de l'Organisation des Nations-Unis (ONU) et de l'Organisation des États américains (OEA). Ensuite, ces deux organisations internationales ont mandaté la Mission des Nations-Unis en Haïti (MINUAH) pour aider à appliquer certaines dispositions de l'accord; aider à moderniser les forces armées haïtiennes et de créer une nouvelle force de police; et, organiser des élections législatives libres et régulières[303].

En juin 1996, la nouvelle Mission d'Appui des Nations-Unis en Haïti (MANUH) est mandatée pour aider le gouvernement à améliorer les compétences professionnelles de la police et à maintenir des conditions de sécurité et de stabilité[304]. En juillet 1997, en vue « d'encourager la professionnalisation de la police nationale », la Mission de Transition des Nations-Unies en Haïti (MITNUH) est créée sur ordre du Conseil de sécurité[305]. En novembre 1997, une nouvelle mission est arrivée; cette fois-ci c'est la Mission de Police Civile des Nations-Unies en Haïti (MIPONUH) dont le mandat est d'aider le gouvernement en fournissant une assistance pour la professionnalisation de la police et de mettre l'accent sur les activités de conseil et de formations d'unités spécialisées[306]. En mars 2000,

---

l'ordre constitutionnel.

[303] CS Res. 867, 23 septembre 1993. En 1995, cette mission a un effectif de 6 055 militaires et 847 policiers. En 1996, l'effectif est de 1 200 militaires, 300 policiers, 160 civils internationaux, 180 civils locaux et 18 volontaires dont le coût total est de $ 337 millions (US).

[304] CS Res. 1063, 28 juin 1996. Effectif : 1 281 militaires et 268 policiers. Coût : $ 60 millions (US).

[305] CS Res. 1123, 30 juillet 1997. Effectif : 250 policiers et 50 militaires. Coût : $ 10 millions (US).

[306] CS Res. 1141, 28 novembre 1997. Effectif : 300 policiers, 72 civils internationaux, 133 civils locaux et 17 volontaires. Coût : $ 20.4 millions (US).

la Mission Internationale d'Appui en Haïti (MICAH) a remplacé la MIPONUH dans le but de consolider les résultats obtenus par les missions précédentes, de promouvoir les droits de l'homme, de renforcer l'activité institutionnelle de la police et du système judiciaire et de coordonner le dialogue de la communauté internationale avec les acteurs politiques et sociaux[307].

En dépit de la présence de toutes ces Missions en Haïti, rien n'a changé. Car en novembre 2000, une crise politique relative aux résultats des élections législatives éclate et amène l'opposition à boycotter les élections présidentielles. En juin 2001, le Gouvernement lance l'*Opération zéro tolérance*[308] en prétextant de vouloir lutter contre l'insécurité. En décembre 2001, il exerce des représailles contre l'opposition qui est accusée d'avoir orchestré une tentative de coup d'état contre le Gouvernement. Aussi, en août 2002, l'*Opération coup de poing* est lancée par l'*Armée Cannibale* dans le but de libérer leur leader Amiot Métayer de sa prison à Gonaïves. En décembre 2002, il y a exécution sommaire des trois fils de Viola Robert au commissariat de Carrefour par des policiers. Dès lors, les manifestations anti-gouvernementales se multiplient et en même temps, il y a recrudescence des violences perpétrées par les bandes armées pro-gouvernementales.

En février 2004, « dans le but d'épargner à Haïti une guerre civile », le Conseil de sécurité a voté à l'unanimité l'autorisation du déploiement de la Force Intérimaire Multinationale en Haïti (FIMH)

---

[307] AG Res. 54/193, 17 décembre 1999. Effectif : 80 techniciens fournissant des conseils et une assistance matérielle à la police et à la justice.

[308] Cette opération du gouvernement d'Aristide a contribué à l'émergence de ces groupes armés pro-gouvernementaux : Bale Wouze, Zéro Tolérance, Basen San, Pèdi Pa Chache, Zo Bouke Chen, 5ᵉ Colonne, Brigade Spéciale, Palmantè Lanmò, Zobop, etc. Voir Annexe (figure 6).

en vue de « désarmer les 25 000 haïtiens en possession d´armes »[309]. Selon plusieurs, cette nouvelle force multinationale a échoué dans leur mission du fait qu´elle est incapable de garantir la sécurité de la population. Finalement, en juin 2004, la force intérimaire est remplacée par la Mission des Nations-Unies pour la Stabilisation en Haïti (MINUSTAH) dont le mandat est d'aider le gouvernement de transition à assurer la sécurité et la stabilité du pays et d'apporter leur soutien au processus de réforme de la police nationale[310].

5.2.2   Les partis politiques et les mouvements armés

À part les forces publiques haïtiennes et les forces internationales et multinationales, les bandes armées pro-gouvernementales, les partis politiques et les groupes armés de l´opposition jouent un très grand rôle dans la déstabilisation politique du pays. Le conflit armé, un problème chronique, met en cause le développement socio-économique d´Haïti. Il ne peut prendre fin si les différents acteurs au conflit manipulent la situation à leur avantage ou essaient de s´accrocher à leurs ambitions personnelles au détriment d´une nation entière, ce qui semble malheureusement être le cas. Avant tout, être leader d´un parti politique, d´une institution publique ou privée et d´une bande armée nécessite un comportement exemplaire pour le bien-être de la communauté et l´éducation civique des jeunes. Le leader doit communiquer ses valeurs et ses attitudes, ses croyances et son comportement, sa culture, sa motivation et ses aspirations, ses normes et ses règles de conduites en vue de contribuer positivement à la bonne marche de la société dans laquelle il vit et dont il est le responsable[311].

---

[309] CS Res. 1529, 29 février 2004. Effectif : 3 600 soldats Américains, Français, Canadiens et Chiliens.

[310] CS Res. 1542, 30 avril 2004. Effectif : 6 600 militaires et 1 700 policiers. Le Brésil a la charge de cette nouvelle mission.

[311] Allan D. ENGLISH, « Understanding Military Culture: A Canadian Perspective », Montreal, McGill-Queen's University Press, 2004, p. 21.

Ce que, malheureusement, bon nombre de ces acteurs qui évoluent dans la politique haïtienne ne démontrent pas.

Bien que durant le règne des Duvalier père et fils, les gens qui exerçaient leurs droits civils et politiques aient été sévèrement réprimés – à cause de leur idéologie et de leur affiliation ou appartenance politiques[312] – on peut dire autrement. En effet, l'inexistence du grand banditisme caractérisé par la pression des rues de ces gangs armés qui volent et tuent un client a sa sortie d'une banque, qui violent et kidnappent en série ceux qui ont des moyens, suffisait pour que la population se sente en sécurité. La chute des Duvalier et d'autres troubles sociaux et politiques après 1986 ont été causés par des figures charismatiques comme le pasteur Sylvio Claude[313], leader du Parti Démocrate Chrétien Haïtien (PDCH) et Me Grégoire Eugène, avocat, professeur de droit constitutionnel et leader du Parti Social Chrétien d'Haïti (PSCH). Plus tard, et à l'aube de l'insurrection populaire du 6 février 1986, le prêtre Jean-Bertrand Aristide – prêtre catholique de l'Église de Saint-Jean Bosco – qui prêchait la théologie de libération aux masses est devenu le plus grand responsable de cette déchirure sociale et institutionnalisée. En effet, relève un auteur, « celui-ci réussit à transformer les rêves de démocratie suscités en 1986 par la chute de « Baby Doc » en un interminable cauchemar »[314].

---

[312] La majorité des universitaires et des intellectuels, durant cette époque, ont opté pour le communisme.

[313] Assassiné par un groupe armé dans la localité de Léogâne, une ville située au Sud de Port-au-Prince, durant le coup d'état militaire du 29 septembre 1991. Selon la fille du leader politique, le meurtre a été commis à l'instigation de Jean Claude Jean-Baptiste, devenu directeur *ad intérim* de la police sous le gouvernement d'Aristide.

[314] Jean-Michel DJIAN, « La grande désespérance », Jeune Afrique, No. 2452, 6-12 janvier 2008, p. 58.

Contrairement aux autres leaders, le discours de Jean-Bertrand Aristide « est à la fois polémique et violent. Polémique parce que, d'une part, le locuteur ne dit pas ce qu'il est. Violent, par les appels directs au peuple[315]» l'incitant ainsi à agir d'une façon violente. Au lendemain du 6 février 1986, le prêtre incite ses jeunes fidèles à la tuerie en déclarant au verset 55 de son psautier publié en créole que « balans jistis, balans dechoukaj »[316]. Retranché à Cité Soleil[317] où il a des adeptes qui jurent de lui rester fidèle jusqu'à la mort, Aristide en profite pour à la fois exploiter et aider les jeunes, les pauvres et les orphelins de son orphelinat *"La Fanmi Se Lavi"*. Le prêtre a une vision personnelle de l'avenir mais, avant tout, il doit être élu président. Des manipulations de ses partisans, à cause de ses verves anti-macoutes et anti-impérialistes, l'ont propulsé sur la scène politique nationale et lui ont permis d'être choisi à la place de Victor Benoît[318] comme le principal candidat qui peut – à armes égales – affronter les forces anti-changements sous la bannière du Front National pour le Changement et la Démocratie (FNCD).

Ainsi, le 6 février 1991, Jean-Bertrand Aristide devient président de la République après avoir gagné les élections présidentielles avec une forte majorité des voix. Après un coup d'État exécuté par les forces armées, le 29 septembre 1991, Aristide s'exile. En octobre 1994, de retour d'exil sous la pression des masses aussi bien à l'étranger

---

[315] Les mots en créole comme « bayo sa yo merite (donnez-les ce qu'ils méritent) ». *Cf.* Théodore ACHILLE, « Aristide : le dire et le faire », Montréal, Les Éditions de la Vérité, 1998, p. 55.

[316] Signifie : la balance de la justice c'est la balance du déracinement. *Cf.* Jean-Bertrand ARISTIDE, « 100 Vèsè Dechoukaj : Va t-en Satan », Pòtoprins, 7 fevrye 1986.

[317] Le plus grand bidonville du pays avec une population de 300 000 habitants. Voir figures 3.2 et 3.3.

[318] Ex-leader du Comité National du Congrès des Mouvements Démocratiques (KONAKOM), un des anciens dirigeants de la Convergence Démocratique et, maintenant, dirigeant de la Fusion.

qu'en Haïti, du support de la communauté internationale et sous une forte escorte militaire[319] et la protection[320] des États-Unis d'Amérique, Aristide est retourné au Palais national plus fort que jamais. Selon certains, l'homme n'est plus un innocent. Il est devenu un vrai *chimère*[321]. Cette caractérisation lui va bien quand son objectif est maintenant de s'appuyer davantage sur la masse illettrée, les jeunes universitaires et les pauvres des bidonvilles dans le but de consolider à tout prix ses acquis.

De fait, l'enrôlement, l'utilisation et l'implication directe des enfants haïtiens dans les conflits armés n'ont jamais connu une si grande ampleur qu'après le retour du président Aristide au pouvoir. Notons qu'avant son retour, les enfants n'ont pas été armés[322]. Ils ont été utilisés indirectement dans les conflits armés spécifiquement dans des actions de désobéissance civile et criminelles, comme par exemple dans des manifestations populaires, placer des barricades enflammées, bloquer les rues, brûler les pneus, menacer les citoyens, écraser les pare-brises des voitures, faire le déchoukage[323], donner le

---

[319] Sous l'appellation *Operation Uphold Democracy*.

[320] Voir Annexe (figure 4).

[321] Terme utilisé pour désigner un membre des groupes armés pro-gouvernementaux comme étant un assassin, bandit ou hors la loi.

[322] À l'exception de ceux-là qui ont été utilisés dans les insurrections populaires contre le système esclavagiste (1702-1802), dans la guerre de l'indépendance contre la France (1802-1804), dans les conflits entre groupes armés et contre l'occupation américaine (1806-1934). Cependant, depuis 1934 jusqu'en 1994, l'enrôlement, l'utilisation et l'implication directe des enfants dans des conflits armés n'existaient pas. Après le retour du président Jean-Bertrand Aristide, ceux-là qui sont armés (enfants de rue et orphelins) sont reconnus par les autorités haïtiennes comme des éléments très dangereux appelés *Kokorat* et *Ratpakaka*, à cause de leur âge, leur position socio-économique et leur facilité de suivre des ordres. Ces enfants sont les premiers à être recrutés pour devenir de véritables *Chimères*.

[323] *Supra*, note 285.

supplice du collier aux macoutes[324] et attaquer les opposants[325]. Mais, depuis l'année 1995, on voit en Haïti[326] une participation directe des jeunes aux conflits armés. C'est aussi le début d'un armement massif et inconditionnel au gros calibre.

Notons aussi que depuis le « retour à l'ordre constitutionnel » de très jeunes enfants deviennent des assassins professionnels et des membres des escadrons de la mort de groupes armés pro-gouvernementaux pour éliminer les membres de l'opposition[327]. Par exemple, selon le témoignage d'un policier, quatre enfants de rues avaient pour mission d'assassiner un membre du Groupe des 184 – une organisation de l'opposition – et qu'ils devront faire semblant d'essuyer les pare-brises de sa voiture en vue d'accomplir leur forfait[328]. Beaucoup de ces enfants, comme ces derniers, sont entraînés dans le maniement des armes et dans des techniques d'assassinats.

En fait, en 1995, le gouvernement a fait appel à des « experts internationaux » de l'Amérique latine pour enseigner à un premier groupe de jeunes, anciens et nouveaux résidents de l'orphelinat

---

[324] *Supra*, note 287.

[325] *Supra*, note 301 (Voir Marcelle VICTOR).

[326] A/62/609-S/2007/757. Selon cette « Liste de la honte » du Conseil de Sécurité, Haïti est parmi 18 pays dans lesquels les enfants sont recrutés et impliqués dans des conflits armés.

[327] Un fait très contradictoire au retour à l'ordre constitutionnel. En effet, selon l'article 268 de la Constitution haïtienne de 1987, « le service militaire est obligatoire pour tous les haïtiens âgés au moins de dix-huit ans; et, seulement la loi fixe le mode de recrutement, la durée et les règles de fonctionnement de ces services ». Une seule constitution qui a permit au recrutement des enfants âgés de moins de dix-huit ans c'est la Constitution de 1795 qui, dans l'article 277, reconnaît que « tous les citoyens et fils de citoyens en état de porter les armes » doivent faire partie de la garde nationale sédentaire (l'armée réserve) tandis que dans l'armée active les enrôlements se font volontairement (article 286).

[328] *Déclaration du policer Jules Bélimaire, Agent 3*, 8 janvier 2004.

Lafanmi Se Lavi, des techniques d'assassinats politiques tandis que les techniques d'armements et des questions militaires sont enseignées par des « experts » haïtiens[329]. Dans un deuxième groupe, c'est le tour des jeunes – membres affiliés du *mouvement lavalas*[330] – qui habitent les différents quartiers et bidonvilles du pays. Quelques semaines plus tard, on a distribué des armes à tous les adolescents qui prenaient part aux entraînements militaires afin qu'ils soient prêts pour défendre à tout prix leur gouvernement[331].

Par ailleurs, sur le plan politique, de graves scissions ont surgi au sein du mouvement lavalas, un mouvement entrepris par le président Aristide depuis son premier mandat. Ces scissions, causées par le refus du président de partager le pouvoir, ont permis à l'Organisation Politique Lavalas (OPL) de changer son nom en Organisation du Peuple en Lutte (OPL) alors que, du côté du président, il a pris l'initiative de créer un nouveau parti politique appelé la Famille Lavalas qu'il dirigeait. La scission a aussi été provoquée par des divergences quant à la politique économique ainsi que par le résultat des élections sénatoriales d'avril 1997 durant la présidence de René Préval. Les amis d'hier sont devenus les ennemis d'aujourd'hui et cela a pu se vérifier dans la lutte acharnée entre ces deux groupes. Anciennement réunis sous la même bannière politique du Front National pour le Changement et la Démocratie (FNCD), cette scission entre l'Organisation du Peuple en Lutte (OPL) et la Famille Lavalas

---

[329] *Supra*, note 301 (Voir Marcelle VICTOR).

[330] Mot créole pour « inondation »: selon ce mouvement, les fanatiques devront détruire tout ce qu'ils trouvent sur leur chemin incluant les gens qui ne sont pas des *lavalassiens* et de même que des propriétés qui n'appartiennent pas aux *lavalassiens*.

[331] Miguelito, « Haiti 2006: Petite Histoire récente des bandes armées (gangs) », 2 juin 2006.

(FL) a permis aux anciens tontons macoutes, aux soldats démobilisés, aux forces paramilitaires néo-duvaliéristes et aux groupes armés pro-gouvernementaux – qui sont tournés vers l'opposition – de se restructurer pendant qu'ils assistent joyeusement aux tristes spectacles d'une lutte politique interne.

Si les forces publiques haïtiennes (l'armée et la police) ont été les seules organisations constitutionnellement reconnues pour avoir le monopole de sécurité et de la violence[332], d'autres forces avaient déjà commencé à se mobiliser. Décidés à agir de nouveau, ces anciens membres du corps des VSN[333], des attachés et ex-militaires chômeurs se sont regroupés en un groupe paramilitaire appelé *FRAPH* (Front Révolutionnaire Armé pour le Progrès Haïtien). Le groupe, dirigé par Emmanuel "Toto" Constant[334] et Louis-Jodel Chamblain[335], décide de passer à l'action et de frapper *sauvagement* les partisans et les sympathisants du gouvernement avec leur aile réputée d'*Escadron de la mort*. Comme prélude à leur mouvement armé, en octobre 1993, les paramilitaires prennent les armes et – avec de faux sentiments

---

[332] Titre XI, articles 264 et 269 de la *Constitution haïtienne*, ratifiée le 29 mars 1987.

[333] Les Volontaires de la Sécurité Nationale (VSN) sont démobilisés par le Conseil National de Gouvernement (CNG) dès le départ de Baby Doc en février 1986.

[334] Le tribunal fédéral de New York croit que Constant – un employé par contrat de la Central Intelligence Agency (CIA) – est responsable de crimes de torture et crimes contre l'humanité en faveur de plusieurs femmes qui ont survécu aux actes attribués au FRAPH. En octobre 2006, le tribunal lui ordonne de payer 19 millions de dollars (US) comme dommages et intérêts. Et, en janvier 2008, il refuse de plaider coupable de fraude immobilière devant la Cour suprême de Brooklyn.

[335] Membre de l'armée et leader de plusieurs groupes paramilitaires depuis les élections de novembre 1987 jusqu'au renversement du gouvernement de Jean-Bertrand Aristide en février 2004. Accusé d'homicide volontaire, il s'était rendu lui-même à la justice après un mandat d'arrêt émis par le gouvernement de transition de Gérard Latortue, puis fut libéré après quelques mois passés en prison.

nationalistes – chantent des slogans révolutionnaires et anti-américains. Avec le soutien des forces armées, ils entreprennent des campagnes radiotélé-diffusées et anti-aristidiennes. Ils organisent des manifestations sur le wharf de Port-au-Prince contre le retour ultime du président Aristide au moment où le *Harlan County*[336] a atteint la rade. En avril 1994, des soldats des forces armées et des paramilitaires du FRAPH ont entrepris conjointement une série d'attaques contre le bidonville de Raboteau avant de l'investir par la force. Ce jour-là, entre 20 à 50 personnes ont trouvé la mort sous les balles ou sous les coups de machettes et d'autres se sont noyées alors qu'elles tentaient de s'enfuir par la mer[337].

Enfin, les soupçons qui se posent sur le gouvernement par rapport à la mort de Jean Dominique et de Brignol Lindor (journalistes bien connus) et la mort d'Amiot "Cubain" Métayer, leader de l'Armée Cannibale à Gonaïves[338] ont empiré la situation politique. D'une part, une manifestation du Groupe des 184 qui se dirigeait vers la place principale de Port-au-Prince a été perturbée par une foule de sympathisants de Famille Lavalas, laquelle a encerclé le cortège et lancé des pierres et des bouteilles. D'autre part, des représentants de l'État et des militants de Famille Lavalas ont été pris pour cible par un groupe d'individus armés de l'*Armée Sans Manman*[339] dans la commune de Belladère. Il y a aussi l'implication des membres de la police et des proches du gouvernement dans le trafic de drogue qui est contrôlé par les cartels colombiens[340].

---

[336] Premier navire d'une force de sécurité américaine préparant le retour d'Aristide.

[337] AMNESTY INTERNATIONAL, « HAÏTI : La justice se fait encore attendre », 1er juillet 1998.

[338] Voir Annexe (figure 6).

[339] Un nouveau groupe armé composé en partie par d'anciens soldats de l'armée haïtienne.

[340] La justice américaine, par l'entremise de l'organisme fédéral américain – le

En décembre 2003, plusieurs groupes sociaux (étudiants, syndicalistes et hommes d'affaires du Groupe des 184) lancent leur mouvement pacifique dénommé *Grenn Nan Bouda* (GNB)[341] pour forcer le pouvoir à démissionner. Dans le cadre de ce mouvement, un conflit a éclaté dans la ville des Gonaïves au début du mois de février 2004 - puis a rapidement gagné d'autres régions du pays. Dans les rangs des insurgés se trouvaient essentiellement des militaires démobilisés parmi lesquels d'anciens dirigeants des Forces Armées d'Haïti (FAD'H), des membres du Front Révolutionnaire Armé pour le Progrès Haïtien (FRAPH), ainsi que des membres de *l'Armée Cannibale*[342], un groupe armé pro-gouvernemental passé à l'opposition. Plusieurs jours de combats s'ensuivent et plus de 70% des grandes villes du pays sont tombées sous le contrôle de ces insurgés[343]. Ainsi, très tôt

---

Drug Enforcement Administration (DEA) – et les tribunaux fédéraux ont trouvé coupable ces autorités haïtiennes pour trafic de drogue: Evens Brillant (ex-chef du Bureau de Lutte Contre le Trafic des Stupéfiants), Fourel Célestin (ex-président du Sénat haïtien), Elnu Moise (ex-officier de la police nationale), Oriel Jean (ex-chef de sécurité du Palais national), etc.

[341] Mot créole qui signifie *testicule dans les fesses.* Le gouvernement d'Aristide a réagit violemment contre ce mouvement en utilisant ses partisans et les membres de ses groupes armés, avec le concours de la police, contre des étudiants qui manifestaient dans l'enceinte de l'Université d'État d'Haïti (UEH) où plus de 20 personnes, essentiellement des étudiants, auraient été blessées. Cependant, Pierre-Marie Paquiot, le recteur de l'université a reçu des coups de barre de fer et a eu les deux jambes brisées, tandis que le vice-recteur de l'université – Wilson Laleau – est sorti miraculeusement avec une blessure à la tête.

[342] Le leader du groupe, Amiot Métayer, est assassiné sous les ordres du président Aristide qui a peur de le voir passer à l'opposition; car, le gouvernement dépend grandement de ce groupe pour avoir contrôle de Gonaïves et de toute la région du Plateau central – des endroits clés où les plus grands révolutionnaires haïtiens ont pris naissance. Après la mort d'Amiot, son frère Butter a repris le leadership du groupe et se met du côté des forces anti-gouvernementales pour venger son frère.

[343] Les rebelles sont dirigées par Guy Philippe, ex-commissaire de la Police Nationale d'Haïti, et Louis-Jodel Chamblain, ancien commandant du FRAPH.

le 29 février 2004, alors que les rebelles menaçaient de marcher sur Port-au-Prince et de prendre *violemment* le Palais national, le président Aristide a quitté le pays. Cela a constitué un moment de gloire qui ne sera que de courte durée pour certains de ces insurgés qui ont des dossiers très lourds[344].

---

[344] *Supra*, note 334 (voir aussi note 335).

CHAPITRE 6

L'Évolution Récente Du Conflit Armé

L'impasse politique qui bloque le pays depuis plusieurs années, l'économie nationale qui dépend de l'aide étrangère et de la diaspora haïtienne, l'impunité systémique constatée dans la justice haïtienne qui s'offre aux plus offrants, le fléau de la drogue et la montée des groupes armés amènent le pays à être « le théâtre d'actes de violence, apparemment de nature criminelle, mais dont l'origine est difficile à déterminer; certains frappent directement des opposants du gouvernement, tandis que d'autres semblent viser délibérément des responsables gouvernementaux et des policiers »[345]. Il semblait adéquat dans l'état des choses de favoriser une approche politique dans le règlement des différends ou conflits armés non internationaux[346], ce qui passe par une approche juridique basée sur la mise en œuvre des normes et des règlements internationaux qui ont été ratifiés par Haïti. La Communauté internationale, par l'entremise de ses organes internationaux établissant des missions internationales de stabilisation, de paix et de sécurité, est susceptible d'apporter des solutions inadéquates à la problématique des enfants soldats haïtiens.

6.1 Narcotrafic, groupes armés et conflit

Selon Amnistie Internationale, les agissements des bandes de délinquants armés qui sont bien souvent mêlées au trafic de drogue

---

[345] *Supra*, note 337.

[346] N. ARZOUMANIAN et F. PIZZUTELLI, *loc. cit.*, note 3, p. 847. *Supra*, note 26.

ou à d'autres formes de contrebande constituent un problème de taille pour la nouvelle force de police qui manque d'expérience et dont certains membres, de surcroît, auraient parfois été tentés de participer eux-mêmes à ces activités illicites. Amnistie Internationale estime aussi que certains de ces gangs sont en fait manipulés par d'anciens membres de l'armée haïtienne aujourd'hui démantelée ou par des groupes paramilitaires qui collaboraient avec elle et qui chercheraient par ce moyen à déstabiliser le gouvernement. En plus de ces problèmes, il y a ceux qui viennent des gangs et de la mafia. Comme l'estime un auteur, « les liaisons des gangs avec les secteurs mafieux et ceux de la drogue [qui] se sont avérées être très fructueuses et l'industrie du kidnapping a renversé la vapeur : aujourd'hui, le flot de dollars se rend à Cité Soleil et dans les quartiers populeux du bas de la ville où certains estiment les recettes des rapts à un million de dollars américains par mois »[347].

Ces liaisons dangereuses entre les cartels latino-américains et les groupes armés haïtiens permettaient au gouvernement de liquider plus facilement ses ennemis politiques et de se protéger contre les forces paramilitaires qui, eux aussi, sont impliqués dans la drogue. Financé et protégé, le gouvernement avait préparé minutieusement et stratégiquement le conflit interne sur deux niveaux. Premièrement, au niveau de la police nationale – selon Roland Boutin[348] – « les normes de recrutement devenant de moins en moins respectées, on retrouvait à l'Académie de la PNH des cadets qui avaient comme seul critère la loyauté envers le parti au pouvoir »[349]. Ces cadets, dont

---

[347] Nancy ROC, « Haïti: l'insécurité et ses liaisons dangereuses », AlterPresse, 23 août 2006.

[348] Ex-conseiller technique auprès de la Police Nationale d'Haïti de 1999 à 2001.

[349] Roland BOUTIN, « Haïti – L'État policier d'Aristide », Le Devoir, 28-29 février 2004.

beaucoup d'entre eux sont des anciens membres du mouvement lavalas, travaillent aussi de connivence avec les groupes armés et sont contrôlés par les cartels colombiens et les membres du gouvernement. En fait, plusieurs anciens policiers, haut fonctionnaires de l'État, amis du président et membres du parlement haïtien sont actuellement sous les verrous américains[350].

Deuxièmement, au niveau des groupes armés, il y avait déjà une préparation mentale de la jeunesse haïtienne et de ceux-là qui luttaient à côté du président Aristide depuis qu'il était devenu ce *fameux prêtre* de Saint Jean-Bosco qui donnait des sermons révolutionnaires à ses adeptes. Le président Aristide lui-même affirme que « les jeunes, même les enfants de *Lafanmi Selavi*, ne pensaient pas au danger… toujours exposés aux dangers de la mort, ils sont immunisés par les germes de la mort en s'exposant eux-mêmes afin d'obéir à ceux qu'on aime »[351]. Et, en utilisant ces jeunes qui sont devenus des soldats à sa cause, contrairement au président François Duvalier qui avait créé une milice hiérarchisée, la structure des groupes armés du président Aristide est complexe et anarchique : « il était le seul chef et chaque chef *Chimère*[352] était tout puissant dans sa zone, mais aucun n'avait autorité sur les autres »[353].

---

[350] *Supra*, note 340.

[351] Jean-Bertrand ARISTIDE, « Theology and Politics », Montréal, Les Éditions du CIDIHCA, 1995, p. 51.

[352] Nouveau groupe armé pro-gouvernemental réunissant les anciens membres affiliés du mouvement lavalas, les anciens résidents de l'orphelinat Lafanmi Selavi et les jeunes vivant dans des bidonvilles. Ce groupe armé, après le départ du président Aristide, a entrepris l'Opération Bagdad I et II pour forcer son retour d'exil par le vol, le viol, le kidnapping et l'assassinat de simples citoyens. Voir figures 6.

[353] *Supra*, note 329. *Cf.* Cité Soleil a 32 quartiers. Chaque quartier abrite une base. Les bases ont été créées comme des groupes de support à Aristide, une continuation des Comites de Quartiers apparus peu après la chute de Jean-Claude Duvalier.

Ainsi, après le départ du président Aristide, il reste un vacuum politique que beaucoup de groupes armés ont exploité. En effet, les chefs chimères des différents bidonvilles du pays, les anciens membres de la police nationale, de l'Unité de Sécurité et de Garde du Palais National (USGPN) et les membres des groupes armés pro-gouvernementaux – tels que l'*Armée Rat* et ceux des localités de Ti-Bwa, Gran Ravin et Nan Beni – ont mis sur pied l'*Opération Bagdad* pour terroriser Port-au-Prince pendant des mois en vue non seulement de forcer le retour de leur leader au pouvoir, mais aussi, d'avoir des fonds pour financer leur mouvement tout en protégeant le flot de la cocaïne[354]. Pendant que la vacuité politique s'agrandit, les organisations mafieuses se développent pour tripler le narcotrafic en quatre ans[355]. Dès lors, de jeunes chefs chimères, comme Billy, 2Pac[356], Evans Ti-Kouto, Amaral Duclona, Bélony, Dread Wilmer et Ti Bazil, sont munis de leurs AK-47 pour défendre leur gouvernement à tout prix[357].

---

[354] L'*Opération Bagdad*, en Haïti, est un copycat des mouvements terroristes en Iraq qui fonctionnent par le kidnapping contre rançon, le viol, l'assassinat et la torture des civils qui sont faits prisonniers; les policiers, eux, ont leur tête décapitée. *Cf.* La Commission interaméricaine des droits de l'homme (CIDH), se référant à un rapport de la Commission justice et paix (CJP) de l'église catholique haïtienne, estime à 2 015 le nombre de personnes décédées de mort violente à Port-au-Prince au cours des trois dernières années dont 1 151 seulement entre mars 2004 et juin 2005.

[355] Christophe WARGNY, « Anarchie politique, Gel de l'aide internationale. En Haïti, la drogue comme substitut au développement », Le Monde Diplomatique, juin 2001, p. 20.

[356] *Supra*, note 352. 2Pac et Billy, enfants-soldats à la solde de l'ex-président Aristide, sont deux frères qui sont devenus tous deux amants de Lélé, une Française travaillant pour la MICIVIH. *Cf.* documentaire: Asger LETH, «The Ghosts of Cité Soleil», Danish Film Institute, 2005.

[357] Joe MOZINGO, « Film links Aristide to warlords», Miami Herald, 20 March 2006.

6.2 Intensification et internationalisation

Si le gouvernement intérimaire devait entrer en fonction immédiatement après le départ du président Aristide, les membres du Conseil de sécurité, eux, ont autorisé le même jour le déploiement d'une Force intérimaire multinationale en Haïti (FIMH) pour une durée de trois mois. Les soldats de la Marine américaine et française ont débarqué[358]. Peu de temps après le départ des Marines et l'arrivée des Brésiliens qui auront à diriger la mission de stabilité, l'Opération Bagdad a commencé[359].

En effet, depuis février 2004, la violence politiquement motivée a atteint des sommets sans précédent en Haïti. Le cycle de la terreur déclenché « par les partisans radicaux de Jean-Bertrand Aristide a culminé, en été 2005, par une vague d'enlèvements contre rançon et des attaques ciblées »[360]. En fait, si la Communauté internationale a apporté son soutien à la problématique haïtienne par le biais de ses forces internationales et multinationales de paix, de sécurité et de stabilité, c'est parce qu'Haïti – depuis le 24 octobre 1945 – fait partie de cette communauté avec son droit de vote comme membre à part entière. Haïti a signé la *Déclaration universelle des droits de l'homme* en 1948, l'un des documents internationaux qui ont inspiré les législateurs Haïtiens à rédiger la nouvelle *Constitution de 1987*. Haïti a ratifié la *Convention pour la prévention et la répression du crime de génocide* en 1950 et le *Pacte relatif aux droits civils et politiques* en 1991. Cependant, Haïti n'a pas ratifié le *Pacte relatif aux droits économiques, sociaux et culturels* ni la

---

[358] Voir Annexe (figures 3, 4 and 5).

[359] Madeline MACADONALO, « Haiti-U.N. Violence: Ces Salauds de la MICIVIH », Haiti Promotional Group for Democracy, 22 août 2006. *Supra*, note 351 (voir aussi note 354).

[360] Radio Kiskeya, 8 juin 2006.

Convention contre la torture et autres peines ou traitements cruels, inhumains ou dégradants.

En matière de droits des enfants, bien qu'Haïti ait ratifié la *Convention relative aux droits de l'enfant* en 1990, elle n'a cependant pas ratifié son protocole qui protège les enfants contre leur recrutement et leur implication dans les conflits armés. Pire, Haïti ne s'intéresse même pas à la *Convention sur les pires formes de travail des enfants.* Cet instrument semble pourtant être d'une grande importance pour le futur des enfants haïtiens étant donné que 80% de la population rurale vit au-dessous du seuil de la pauvreté et que plus de 50% de la population est âgée de moins de 18 ans. Malgré ces engagements internationaux[361], Haïti est loin d'avoir un système juridique adéquat qui peut aider à promouvoir la justice lorsqu'elle ignore d'autres conventions qui font partie du noyau dur du droit international humanitaire et du droit international des droits de la personne.

L'intensification du conflit armé et l'internationalisation de la situation précaire haïtienne sont justifiées par le refus des acteurs en conflit de valoriser les instruments internationaux que Haïti a ratifiés, de coopérer pour la protection du sol haïtien contre le protectorat étranger, de comprendre le danger auquel le pays est confronté, de mettre de côté leurs ambitions personnelles au détriment de la nation et de collaborer en vue d'amener Haïti sur une nouvelle voie démocratique. Il ne faut pas non plus oublier que la Communauté internationale porte le plus grand fardeau de cette crise. En effet, après seulement cinq années de soutien à la police nationale naissante, l'Organisation des Nations-Unies (ONU) s'est retirée : c'est comme si « on jette les policiers dans la gueule du loup et les rendant redevables et dépendants du pouvoir politique, national, régional et local »[362].

---

[361] Voir Annexe (figure 5).

[362] *Supra*, note 349.

6.3 L'approche politique de l'ONU au mépris d'une solution juridique

Le retrait des troupes de l'Organisation des Nations-Unies (ONU) d'Haïti en 2000 a provoqué une plus grande instabilité politique dans ce pays. La Communauté internationale, malgré qu'elle connaisse les manipulations du gouvernement Aristide pour contrôler la police nationale, continue à entraîner et armer les membres des groupes armés, les partisans et les sympathisants du gouvernement qui sont intégrés dans la police. De nombreuses rencontres avec les hauts dirigeants de la police nationale et quelques membres du gouvernement ont convaincu certains membres de la force multinationale d'arrêter ce projet[363]. Au lieu de mettre fin à l'existence de l'État policier, de nombreux cas de corruption et de non-respect du droit et des droits humains, la Communauté internationale prônait simplement le dialogue et les négociations pour résoudre la crise. Et, selon Roland Boutin, cette même Communauté internationale a investi beaucoup d'argent et d'efforts dans une crise interminable « sans avoir compris » le programme machiavélique d'Aristide[364]. Si pour certains, comme c'est le cas de M. Boutin, la Communauté internationale n'a rien compris du projet d'Aristide, rien ne prouve qu'il ne s'agit pas de complicité de la part de cette dernière. En effet, pendant la période du coup d'état militaire de 1991, la Mission Civile Internationale en Haïti (MICIVIH) avait avant tout pour rôle de protéger les militants lavalassiens persécutés par les militaires haïtiens et les membres paramilitaires du Front Révolutionnaire Armé pour le Progrès Haïtien (FRAPH).

Pendant ce temps, « les employés de cette mission renforcèrent leurs liens avec les têtes de pont lavalassiens aux niveaux local,

---

[363] *Id.*

[364] *Id.*

municipal, départemental et national »[365]. En fait, beaucoup des employés de cette force multinationale ont été recyclés dans la nouvelle force de la Mission des Nations-Unies pour la Stabilisation en Haïti (MINUSTAH) qui, souvent, agit sous une forme partisane. Un auteur soutien en effet que « la Communauté internationale, la MINUSTAH, maintient une attitude plutôt ambivalente sur cette question [de l'insécurité] en donnant l'impression qu'une situation de violence de faible intensité est acceptable. Les liaisons dangereuses entre le pouvoir de *Lafanmi*, les forces de l'ONU et les gangs auront concrétisé le paradoxe onusien en Haïti en l'occurrence, les mêmes forces internationales qui auront envahi le pays pour le délivrer de la dictature d'Aristide en 2004, auront contribué à ramener et légitimer ce même pouvoir »[366].

On a pu noter durant les élections présidentielles du 7 février 2006 que les partisans et les sympathisants du président Aristide, voulaient voter à l'unanimité pour René Préval[367], ancien premier ministre sous le gouvernement d'Aristide en 1991. En votant pour lui, les supporteurs du gouvernement déchu comptaient accomplir deux objectifs : remettre le pouvoir à un lavalassien afin qu'il ramène d'exil le président Aristide et manipuler le gouvernement pour avoir le contrôle des administrations publiques. Par contre, Préval n'avait que 48% des voix et – selon l'article 56 de la loi électorale de 1995 – il devrait avoir 50% plus une voix pour remporter les élections au premier tour. Devant la possibilité d'aller à un second tour, des milliers de gens (partisans et sympathisants du gouvernement déchu) – à

---

[365] *Supra*, note 359.

[366] *Supra*, note 347.

[367] Le 17 décembre 1995, l'ex-premier ministre René Préval est élu président d'Haïti avec plus de 88% des voix. Durant sa première présidence, il est considéré comme une marionnette d'Aristide. Il a même manipulé les élections législatives de mai 2000 et a entraîné la caducité du parlement haïtien en faveur du retour du président Aristide au pouvoir en février 2001.

l'instigation des têtes de pont de Famille Lavalas – ont pris la rue réclamant un dévoilement immédiat du vote.

La Communauté internationale, particulièrement influencée par les pays Latino-américains qui sont membres de la force multinationale, se réunissait secrètement à l'ambassade du Mexique à Port-au-Prince pour trouver une « meilleure solution » à cette crise électorale. Devant une masse menaçante qui devenait de plus en plus violente[368], les membres de la Communauté internationale – de concert avec le gouvernement intérimaire de Gérard Latortue[369] – ont forcé les membres du Conseil électoral provisoire (CEP) à déclarer René Préval président d'Haïti sans que ce dernier aille au second tour. En fait, l'Organisation des États Américains (OEA) avait demandé explicitement et directement au CEP de compter les votes nuls : une demande qui est en violation flagrante avec la *Constitution haïtienne* de 1987[370] et la *loi électorale* de 1995[371].

6.4 *Les programmes de DDR et les groupes d'autodéfense*

Haïti a toujours été le théâtre de guerres civiles, de luttes armées et d'insurrections populaires contre un système politique établi. Depuis décembre 1492, le crime politique élevé à son plus haut niveau est celui de la violence de l'État justifiée par un ordre juridique[372]. En fait, dans

---

[368] « Haiti : des manifestants atteignent l'hôtel Montana, des hélicoptères de l'ONU survolent le secteur », Haiti Press Network, 13 février 2006.

[369] Voir Annexe (figures 4 et 5).

[370] L'article 191 stipule que « le Conseil Électoral est chargé d'organiser et de contrôler en toute indépendance, toutes les opérations électorales sur tout le territoire de la République jusqu'à la proclamation du scrutin ».

[371] L'article 109 stipule que « les bulletins sur lesquels le président [du CEP] ne peut reconnaître l'intention ou la volonté politique de l'électeur sont nuls. Cependant, les votes exprimés en blanc seront contrôlés et comptabilisés ».

[372] André CORTEN, « Diabolisation et Mal Politique. Haïti : misère, religion et politique », Montréal, Les Éditions du CIDHICA-KARTHALA, 2000,

l'histoire d'Haïti, le crime politique est apparu comme jouant le rôle d'une action préventive face à une menace, notamment celle provenant de groupes[373]. Ces groupes dont le seul objectif était de renverser le *statu quo* au nom du peuple, utilisaient le banditisme et la violence qui sont étroitement liés à la prolifération des armes. L'absence de mesures adéquates en vue d'un désarmement complet et d'un contrôle réel du flux des armes à Haïti a perpétué et exacerbé la situation de violence. Un autre handicap majeur dans le contrôle de cette prolifération, c'est l'implication des forces étrangères dans la déstabilisation politique du pays.

En effet, durant l'époque coloniale, les Français ont armé les esclaves contre les Espagnols qui, à leur tour, ont fait de même contre les Français. Les Anglais et les Américains, eux, ont armé la guérilla coloniale contre les Français afin de jouir des avantages commerciaux[374]. La prolifération des armes ne s'est pas arrêtée après l'indépendance haïtienne. De riches commerçants de nationalités et origines diverses (les Danois, les Portugais, les Allemands et autres) ont continué à financer des insurrections armées contre le gouvernement au pouvoir ou autres groupes armés. Cependant, tout au long de l'histoire de ce pays, il y a eu plusieurs tentatives de la part des autorités établies pour arrêter ou diminuer ce flux. On a recensé au cours des deux derniers siècles au moins cinq périodes essentielles où plusieurs programmes de désarmement, de démobilisation et de réinsertion (DDR) ont été mis en œuvre, mais n'ont pas abouti à leur objectif final malgré le dévouement des autorités coloniales, nationales et internationales.

---

p. 137.

[373] *Id.*

[374] Pamphile D. LACROIX, *La révolution de Haïti*, t.1 et 2, « Mémoires pour servir à l'histoire de la révolution de Saint-Domingue », 2ᵉ éd. par P. Pluchon, Paris, Éditions KARTHALA, 1995, p. 357.

6.4.1   La période révolutionnaire

Durant la période révolutionnaire, Thomas-François Galbaud[375] arrive à l'île de Saint-Domingue, le 20 juin 1793, et se proclame gouverneur. Son but principal est d'empêcher Sonthonax et Polverel[376], deux commissaires Jacobins, d'aboutir à leur objectif anti-esclavagiste qui met les Blancs, Noirs libres et mulâtres sur le même plan d'égalité politique. Le lendemain, Galbaud conquiert le Cap après une bataille contre les forces républicaines de Sonthonax. Après cette défaite, n'ayant pas assez de combattants, les commissaires promettent aux esclaves la liberté s'ils acceptent de les aider à repousser définitivement les forces loyalistes. Ainsi, le 23 juin 1793, Macaya – un seigneur de la guerre – accepte les conditions et amène avec lui son groupe armé de 3 000 enfants soldats. Pierrot, un autre seigneur de la guerre, amène lui aussi des milliers d'adultes et d'enfants soldats pour envahir le Cap avec Macaya et forcer Galbaud à battre en retraite et s'enfuir en France. Sonthonax et Polverel, réfugiés dans la zone de Bréda, retournent au Cap après la bataille et arment de mousquets les jeunes Noirs combattants. Sonthonax, pointant les mousquets, s'exclame : « Voici votre liberté! Si vous souhaitez la conserver, faites bon usage de ces fusils le jour où les Blancs vous diront de les retourner. Car, celui qui vous enlèvera ce fusil voudra vous rendre esclaves »!

Ces paroles de Sonthonax continuent encore de résonner comme une prophétie dans la tête des combattants haïtiens de tous âges. En fait, la seule idée de remettre les armes aux autorités est pour beaucoup la perte de leur liberté et le retour *ipso facto* en esclavage. En effet, le général Napoléon Bonaparte, avec son plan secret de restaurer

---

[375] Général Français et émissaire de Napoléon, Galbaud est à la tête de 1 200 marins et 800 exilés loyalistes à bord du bateau de guerre, Jupiter 74, pour combattre les Jacobins.

[376] Les deux commissaires n'ont avec eux que 200 soldats d'infanterie et 400 jeunes combattants mulâtres.

l'esclavage, envoie à Saint-Domingue Gabriel Hédouville au titre de nouveau commissaire de l'île avec objectif de désarmer les Noirs. Le 22 octobre 1798, Toussaint Louverture est à la tête de son groupe armé de 20 000 *congos* pour contre-attaquer et chasser Hédouville qui s'empresse de s'embarquer pour la France avec 1 800 réfugiés. Après l'arrestation et la déportation de Toussaint, en juin 1802, le général Leclerc[377] – nouveau maître de l'île – n'oserait entreprendre dans l'immédiat une campagne de désarmement. Sa stratégie est surtout de négliger l'organisation de l'armée coloniale tout en organisant un nouvel ordre politique et judiciaire. Quelques semaines après, le général décide d'intégrer un tiers des membres de l'armée coloniale dans le nouveau corps de gendarmerie. Certains estiment que, bien que le général ait la volonté de désarmer les Noirs et de remettre la colonie sous les diktats de la métropole française, le programme de désarmement, de démobilisation et de réinsertion (DDR) de 1802 était long, périlleux et imparfait et ceci découle de quatre raisons. Premièrement, l'impossibilité d'embrasser à la fois, avec un petit nombre de troupes, tout le terrain de la colonie. Deuxièmement, les autorités n'ont pu récupérer qu'un total de 30 000 fusils alors que des centaines d'armes, achetés par Toussaint des commerçants Anglais, Danois et Américains, n'ont pu être récupérées. Troisièmement, les autorités Françaises commencent à multiplier les exécutions de tous ceux qui se laissent prendre les armes à la main, ne tenant pas compte de l'âge ni du sexe. Enfin, plus de 500 000 individus sont à jamais déterminés à ne plus subir la loi de l'esclavage[378].

Le programme de DDR de 1802, bien que les autorités coloniales aient décidé de le suspendre définitivement, a provoqué tout d'abord

---

[377] Beau-frère de Bonaparte, Charles Leclerc est général en chef d'une nouvelle expédition de 30 000 hommes pour rétablir l'esclavage à Saint-Domingue où il est mort en novembre 1802 par la fièvre jaune.

[378] P. D. LACROIX, *op. cit.*, note 374, p. 357.

des mécontentements populaires qui se sont développés en l'espace de quelques jours en des insurrections armées. Ces dernières devaient ultérieurement se transformer en un soulèvement général pour aboutir, le 1ᵉʳ janvier 1804, à l'indépendance haïtienne. Par contre, ces armes autrefois utilisées contre les Français, les Espagnols et les Anglais sont maintenant utilisées contre les Haïtiens eux-mêmes dans des conflits internes qui ont duré plus d'un siècle. Ces guerres fratricides sont suspendues dès l'arrivée des Marines sur le sol haïtien.

6.4.2   La période de l'occupation américaine

Durant la période de l'occupation, de 1915 à 1934, ces armes ont trouvé de nouvelles cibles: les Américains et leurs collaborateurs. En fait, fils et petits-fils de vétérans de la guerre de l'indépendance, et dont beaucoup sont aussi des vétérans de multiples guerres civiles qui ont ravagé Haïti, les Cacos sont à la fois des paysans sans terre et des *grandons* (propriétaires de fermes) qui sont souvent utilisés par les politiciens pour renverser des gouvernements en favorisant le basculement dans l'anarchie. Considérés comme les plus redoutables des nationalistes haïtiens, ils décident, par les techniques de la guérilla, de livrer une guerre sans merci contre les Marines en entreprenant plusieurs mouvements insurrectionnels. Sachant que les membres de ce groupe armé viennent particulièrement dans le centre et le nord du pays, le colonel Eli Cole – commandant du 1ᵉʳ régiment des Marines – a mis sur pied un programme de DDR qui est concentré seulement sur le Cap et les villes avoisinantes afin de pacifier et de sécuriser la région. Son programme est simple et contient deux volets : démobiliser ceux-là qui veulent être payés[379] et réprimer ceux qui refusent. Malgré que de puissants chefs Cacos veuillent être payés largement pour

---

[379] 100 gourdes pour un chef caco avec son arme et 15 gourdes pour un simple caco avec son arme.

déposer les armes et cesser la rébellion[380], le programme est un échec.
Cependant, suite à la démobilisation de l'armée haïtienne durant les
deux premières années de l'occupation, beaucoup d'ex-combattants
Cacos sont réintégrés dans la nouvelle force de sécurité publique – la
gendarmerie – tandis que leurs anciens leaders finissent par être tués,
exécutés ou assassinés l'un après l'autre[381].

Si la mort de Benoît Batraville[382], le dernier chef des Cacos, a
mis fin aux insurrections populaires contre les Marines, il faut dire
que les membres de ce groupe rebelle et autres membres de la société
restaient aux aguets et qu'aucune autorité n'osait entreprendre du jour
au lendemain un autre programme de DDR sans qu'il n'y ait des
conséquences négatives. Certes, tout le monde se souvient encore
des paroles de Sonthonax et les conséquences désastreuses pour la
métropole. Par ailleurs, les conflits armés continuent à être financés
par les mêmes commerçants étrangers et guidés par de nouveaux
acteurs politiques et groupes armés. Une fois la gendarmerie remplacée
par les Forces Armées d'Haïti (FAD'H), véritables instruments de
contrôle du flux des armes et redoutables outils de répression contre
certains groupes paramilitaires, un faux sentiment de paix et de
sécurité est établi chez les citoyens haïtiens.

6.4.3   La période du « retour à l'ordre constitutionnel »

La troisième période du programme de désarmement, de
démobilisation et de réinsertion (DDR) dans l'histoire d'Haïti

---

[380] Charles Zamor, frère du future président haïtien Oreste Zamor, veut qu'on
lui paie $200 000 en or.

[381] Le 31 octobre 1919, trahi par Jean-Baptiste Conzé pour $3 000,
Charlemagne Péralte est assassiné après avoir reçu deux balles en plein cœur
par le sous-lieutenant américain Herman Hanneken.

[382] Le 19 mai 1920, Benoît Batraville est traqué et exécuté par un peloton
combiné de Marines américains et membres de la gendarmerie haïtienne.

coïncide avec le « retour à l'ordre constitutionnel ». Les forces armées haïtiennes, qui détiennent le monopole de la répression et de sécurité, sont devenues une vraie force nuisible depuis le départ de Baby Doc. De son retour d'exil après un coup d'état militaire en février 1991, Jean-Bertrand Aristide veut finir une fois pour toute avec l'institution militaire. Premièrement, en décembre 1994, il essaie de l'affaiblir en la réduisant à un effectif de 1 500 hommes alors que, d'un autre côté, il est en train de constituer une force de police. Notons que la démobilisation de plus 75% des membres des forces armées a permis la réinsertion de moins de sa moitié dans la force de police intérimaire. Deuxièmement, après avoir publié un décret en avril 1995 sur la démobilisation des forces armées, il ordonne à quelques militaires qui sont encore mobilisés d'intégrer la police intérimaire. Troisièmement, en février 1996, la police intérimaire – dont la majorité de ses membres sont des ex-militaires – est totalement dissoute. Cependant, quelques centaines d'entre eux, particulièrement des anciens officiers de l'armée, sont devenus commissaires dans la Police Nationale d'Haïti (PNH) tandis que le reste – un total de 90% de l'effectif initial[383] – est toujours armé.

Le programme DDR de 1995, dès son départ, est un échec. Car, premièrement, les forces armées sont déstabilisées à cause d'un esprit de revanche et des ambitions personnelles; elles ne sont pas démobilisées avec le consentement du parlement ou un amendement constitutionnel. Deuxièmement, les Forces Armées d'Haïti (FAD'H) sont des forces de sécurité publique qui sont légalement reconnues par la *Constitution de 1987* et elles ne peuvent pas être démantelées par un simple décret pour être remplacées ensuite par d'autres forces qui ne sont pas constitutionnellement reconnues[384]. Troisièmement,

---

[383] *Supra*, note 289.

[384] *Supra*, note 332.

les ex-militaires savent bien qu'ils ne peuvent pas être démobilisés sans qu'ils ne soient pas désarmés, mis à la retraite (payés ou bien rémunérés selon la loi) ou réintégrés dans une nouvelle force de sécurité publique. Quatrièmement, en remplaçant les forces armées par d'autres groupes armés et forces paramilitaires sans suivre la voie de la constitution, le président a déclaré la guerre ou a fait appel à une guerre civile entre différentes factions ou Spectrum politique du pays. Enfin, des mécontentements populaires, des insurrections armées et un soulèvement général contre une dictature populiste sont devenus maintenant un point de non-retour.

6.4.4 La première période d'occupation par des forces multinationales

La quatrième période du programme de désarmement, de démobilisation et de réinsertion (DDR) n'est pas non plus prometteuse. En effet, après le départ en février 2004 du président Aristide pour l'exil, le peuple haïtien est placé en face d'un protectorat de la Communauté internationale qui a autorisé, par le biais du Conseil de sécurité, le déploiement de la Force Intérimaire Multinationale en Haïti (FIMH). La mission principale de cette force de sécurité est de « désarmer les 25 000 haïtiens en possession d'armes »[385]. Malheureusement, elle a échoué pour quatre raisons. Premièrement, la durée de six mois est trop courte pour le programme de DDR. Deuxièmement, le programme permet l'achat de vieux fusils qui ne fonctionnent pas tandis que ceux-là qui y sont ne sont pas retournés et continuent à être utilisés dans des actes de banditisme. Troisièmement, la mission est incapable de garantir la sécurité de la population. Enfin, les membres de la mission semblent avoir d'autres motifs et ne sont pas prêts à risquer leur vie pour résoudre des problèmes qui peuvent être résolus par les Haïtiens eux-mêmes.

---

[385] *Supra*, note 309.

6.4.5 La deuxième période d'occupation par des forces multinationales

Devant cet échec, le Conseil de sécurité n'a pas d'autre choix que d'envoyer une autre force multinationale qui, selon son mandat, doit assurer cette fois-ci une forme de « sécurité et stabilité » durables en donnant son plein soutien au processus de réforme de la police nationale. Mais, coincé entre les groupes armés pro-lavalas, appelés les Chimères, et les forces paramilitaires duvaliéristes et néo-duvaliéristes, La Mission des Nations-Unies pour la Stabilisation en Haïti (MINUSTAH)[386] reste aux yeux de la plupart des Haïtiens comme une mission de *touristas*[387].

Entre-temps, les chimères déterrent la hache de guerre pour organiser l'Opération Bagdad[388] qui a forcé la militarisation de plusieurs secteurs de la population civile. La force multinationale et le gouvernement haïtien, devant ce fait accompli, entre en pourparler avec les jeunes seigneurs de la guerre pour diminuer la situation chaotique et non-sécuritaire du pays[389]. Cependant, à la

---

[386] Nouvel effectif pour le mois de janvier 2008 : 7 510 militaires et 1 750 policiers. *Supra*, note 309.

[387] Au début, certains membres de la MINUSTAH préféraient passer toute une journée entière sur les jolies plages d'Haïti, tout comme les anciens membres de la MICIVIH, avoir des relations amoureuses et intimes ou vivre en concubinage avec les Haïtiens des deux sexes. En fait, le 3 novembre 2007, plus d'une centaine de membres de cette mission ont été rapatriés dans leur pays d'origine après qu'ils ont été accusés d'abus sexuels sur des mineures et des prostituées.

[388] Le Réseau National de Défense des Droits Humains (RNDDH), dans un communiqué de presse daté le 19 septembre 2006, donne un lourd bilan de cette opération : 1 939 personnes assassinées dont 108 policiers haïtiens, 10 casques bleus et 4 journalistes; 287 filles et femmes violées; 500 personnes kidnappées; 1 241 véhicules volées.

[389] Ces jeunes chefs chimères sont Billy, 2Pac, Evans Ti-Kouto, Amaral Duclonas, Bélony, Dread Wilmer, Ti Bazil, Labanyè, Ti-Blan, Yoyo Piman et plusieurs autres.

suite de son renouvellement[390], la mission s'engage à doubler le pas en s'orientant davantage dans la prévention de la criminalité. Cette nouvelle orientation tient compte non seulement du programme de désarmement, de démobilisation et de réinsertion (DDR), mais aussi d'un programme complet de lutte contre la violence adapté aux conditions locales : aider les initiatives visant à améliorer la gouvernance locale et à renforcer l'état de droit; offrir des possibilités d'emploi aux anciens membres des bandes armées et aux jeunes à risque; et, enfin, collaborer avec le Gouvernement haïtien et les secteurs socio-politiques du pays pour enrayer les trafics transfrontaliers de stupéfiants et d'armes[391].

Sur ce dernier point, la Commission interaméricaine des droits de l'homme (CIDH) estime que le problème des conflits armés et du banditisme, qui sont caractérisés par une violence systématique, sont étroitement liés à la prolifération des armes. Selon les autorités internationales, l'absence de mesures en vue du désarmement ou d'un contrôle réel du flux des armes en Haïti a perpétué et exacerbé la situation de violence dans le pays; les faiblesses de la présence policière en Haïti et les graves carences en ressources ont porté des groupes armés illégaux à prendre le contrôle de la sécurité dans beaucoup de zones[392].

Ce n'est pas étonnant, car le commandant des troupes brésiliennes de la Mission des Nations-Unies pour la Stabilisation en Haïti (MINUSTAH), colonel Paolo Umberto, affirme que les casques bleus brésiliens ont pu vérifier l'utilisation par les membres des groupes armés de Cité Soleil et de Cité Militaire d'armes de gros calibre telles que des Uzi, Fal, Gallil, fusil de calibre 12, M-15, M-16 et AK-47.

---

[390] CS Res. 1702, 15 février 2006.

[391] *Id.*, articles 10, 11 et 13.

[392] Conférence de Santo Domingo, 6 juin 2006. Voir Annexe (figure 5).

Avec cet arsenal dangereux, en plus de la quantité de munitions qui est disponible aux groupes armés, le programme de désarmement, de démobilisation et de réinsertion (DDR) reste et demeure inefficace malgré son budget[393].

On a pu constater que les groupes armés qui sont impliqués dans la violence voulaient rendre leurs armes pour s'intégrer dans le programme de DDR. Mais, ils ont changé d'idée, exigeant du gouvernement « le retrait des plaintes, l'annulation des poursuites judiciaires lancées contre eux, le retour d'exil du président Jean-Bertrand Aristide, le désarmement dans les quartiers riches et la cessation de la traque des habitants des cités par la MINUSTAH »[394]. Notons qu'en 2004, tout au long du programme de DDR de la Force Intérimaire Multinationale en Haïti (FIMH), ces mêmes groupes[395] avaient entrepris plusieurs tactiques similaires pour ne pas y participer. Ils avaient accepté de rendre leurs armes. Mais, il s'agissait de vieux fusils – dont quelques uns, appelés « Zam kreyòl », fabriqués par eux-mêmes – qui ne peuvent plus fonctionner. Plus tard, avant et après les élections de février 2006, ils avaient décidé de déposer leurs armes, sans toutefois les remettre aux autorités. Certains des leaders, dont William Baptiste (alias «Ti-blan»), avaient déclaré que ceux qui luttent et qui participent aux mouvements armés ne sont pas des délinquants

---

[393] Le budget annuel de la mission est plus de $500 millions (US) dont $40 millions (US) ont été dépensés entre 2006 à 2007 dans le programme de DDR.

[394] « Haïti-violence: Report de la remise d'armes par des gangs de Cité soleil », Haitian Press Network, 21 août 2006.

[395] Selon l'Organisation des Nation Unies (ONU), ces groupes armés illégaux détiennent plus de 20 000 armes à feu. Cependant, les ex-militaires, les membres des compagnies privées de sécurité et les foyers munis de leur propre moyen de défense ne font partie de cette statistique et seraient en possession de plusieurs dizaines de milliers d'armes à feu. Voir *Notes de point de presse de la MINUSTAH*, 4 août 2005.

et qu'en tant que combattants politiques, ils avaient droit à ce que pouvaient leur procurer des négociations politiques.

Cette déclaration ouverte a poussé les autorités gouvernementales à changer de ton et à lancer un ultimatum clair : remettre les armes ou mourir[396]. Bien que cet ultimatum ait eu quelques effets positifs suite aux arrestations, parfois arbitraires, et aux exécutions sommaires[397], le programme de DDR est considéré comme un véritable échec pour ces différentes raisons[398].

Premièrement, la Commission Nationale de Désarmement, de Démantèlement et de Réinsertion (CNDDR)[399] dont le but principal était de procéder à un désarmement général de tous les groupes armés a pu requérir depuis sa création seulement 400 armes de gros calibre alors qu'il y en avait plus de 200 000 armes en circulation[400]. Deuxièmement, la police nationale lançait quotidiennement des

---

[396] *Déclaration du président René Préval aux groupes armés*, 9 août 2006.

[397] Emmanuel «Dread» Wilmer, Charles Junior Acdélhy (alias «Yoyo Piman»), Thomas Robenson (alias «Labanyè») et plusieurs autres sont tués par la police nationale et les casques bleus tandis que d'autres sont sous les verrous : Pierre Belony, Evens Jeune (alias «Evens Ti-Kouto»), Alain Cadet (alias «Pinochè»), William Baptiste (alias «Ti-blan»), Jean Oldy Torchon (alias «Blade Nasson»), Bazile Soijette (alias «Ti-bazile») et quelques uns de leurs lieutenants. Amaral Duclonas, quant à lui, est toujours en cavale.

[398] Notons aussi, selon l'Organisation des Nations Unies (ONU), la confusion autour du concept de DDR en Haïti : les conditions d'exécution d'un programme de DDR crédible ne sont pas réunies et le cadre politique nécessaire au développement de ce type de programme est également inexistant pour le moment. Voir *Notes de point de presse de la MINUSTAH*, 4 août 2005.

[399] Créée par Arrêté présidentiel du 29 août 2006. Selon Alix Fils-Aimé, président de la Commission, un total de 500 individus, âgés de 17 à 24 ans, suivent actuellement des cours professionnels dans le cadre du programme de DDR et sont sur le point d'être réintégrés dans la société.

[400] Robert MUGGAH, *Securing Haiti's Transition: Reviewing Human Insecurity and the Prospects for Disarmament, Demobilization, and Reintegration*, Small Arms Survey, October 2005.

avis de recherche contre certains individus dangereux alors que ces derniers faisaient partie du programme et vaquaient librement à leurs occupations. Troisièmement, des individus qui étaient intégrés dans le programme possédaient encore des armes de gros calibre et continuaient à commettre des horribles forfaits (kidnappings, meurtres, vols à mains armées et viols)[401]. Quatrièmement, l'un des représentants de la Commission est Jean-Baptiste Jean Philippe (alias «Samba Boukman»), un individu qui menaçait la population de la zone métropolitaine et les autorités en tant que principal porte-parole des Chimères durant l'Opération Bagdad[402]. Et, enfin, malgré que la Commission ait stipulée qu'elle accorderait une importance particulière aux enfants qui sont les principales victimes des groupes armés, leur programme de DDR ne contenait vraiment aucun système fiable pour réhabiliter une fois pour toute ces enfants qui participaient dans des atrocités.

En effet, ces enfants qui sont associés aux groupes armés, ceux qui ont été témoins d'atrocités ou qui ont vu leurs parents tués, blessés ou violés ont grandement besoin d'une aide psychosociale pour surmonter leurs problèmes. Les multiples interventions du Fonds des Nations-Unies pour l'Enfance (UNICEF), adressées sous forme de programmes d'apprentissage, d'ateliers de sensibilisation sur les droits de l'enfant et de séances de formation[403] ne sont pas suffisantes pour permettre

---

[401] Selon le président de la Commission de DDR, 10% des individus qui sont intégrés dans le programme sont des récidivistes. Par exemple, Patrick Jean François – un ancien bénéficiaire du programme – est activement recherché par la police, depuis le 26 janvier 2008, pour kidnapping et tentative de meurtre contre la personne de Claude Marcelin, un guitariste bien connu du groupe Zèklè.

[402] *Supra*, note 388.

[403] Le Fond des Nations-Unies pour l'Enfance (UNICEF) donne aussi son assistance aux institutions gouvernementales de protection de l'enfant dont l'Institut du Bien-Être Social et de Recherches (IBESR), la Brigade de Protection des Mineurs de la Police Nationale d'Haïti (PNH), l'Office de la

à ces enfants de tourner le dos définitivement à la criminalité afin de devenir de bons citoyens qui soient capables de prendre en main leur vie. En fait, quelle peut être la pertinence de tels programmes alors que les enfants concernés sont habitués au maniement d'armes puissantes dont des kalachnikovs et des T-65 avec autant de dextérité[404] qui leur permettent de gagner plus facilement et rapidement leur vie autrement. Quelle peut être l'efficacité de telles interventions lorsque des leaders de gangs armés qui sont maintenant reconstitués en un nouveau groupe appelé les *Argentins*, donnent des armes automatiques à des enfants de 10, 12 et 13 ans, lesquelles partagent encore leur environnement[405]?

Par contre, si ces interventions apportent un soulagement économique à ces enfants, un tel soulagement ne pourrait être que temporaire. En effet, les violences physiques et sexuelles subies par ces enfants ont laissé des séquelles psychologiques qui, si elles ne sont pas prises en charge[406], vont se perpétuer et se transformer plus tard en d'autres actes de violence[407]. En outre, lorsqu'on examine le cadre

Protection du Citoyen (OPC) et les tribunaux pour enfants.

[404] Ce sont les mots du président de la Commission nationale de DDR.

[405] Edmond Mulet, chef civil de la MINUSTAH et représentant Spécial de Kofi Annan (Secrétaire Général des Nations Unies), affirme qu'il a vu des leaders de gangs armés donner des armes à des enfants.

[406] Selon la branche de l'UNICEF en Haïti, la question des enfants impliqués dans la violence armée est une question très importante en ce qui concerne la prise en charge et éventuellement la réinsertion sociale et familiale de ces enfants qui sont sérieusement affectés par le conflit. Cependant, l'UNICEF n'a donné aucune explication ou description exacte du terme « prise en charge ». *Cf.* Interview de Njanja FASSU, représentant officiel de l'UNICEF, dans « Atelier de discussion en prélude à la journée nationale de l'enfant impliqué dans la violence. Éducation et réintégration sociale des enfants impliqués dans la violence en Haïti », Télévision Nationale d'Haïti, 8 juin 2006.

[407] Diego Lambert (alias «Ti-Diégo»), un adolescent âgé de 15 ans (13 ans au moment du crime), est arrêté par la police pour avoir été impliqué dans le kidnapping de Farah Natacha Kerby Dessources en novembre 2006. Selon

juridique des enfants en conflit avec la loi[408], on se rend compte que le gouvernement haïtien est incapable à lui seul de résoudre ce problème. Le manque d'expertise haïtienne dans le domaine de la délinquance juvénile et dans l'administration de la justice pour mineurs constitue donc un sérieux handicap à la résolution de ce problème.

À Haïti, l'âge minimum de la responsabilité pénale d'un enfant est fixé à 13 ans tandis que l'âge de la majorité pénale est 16 ans[409]. Cependant, le système judiciaire haïtien ne contient aucun mécanisme réel – bien que des lois existent – qui puisse affecter positivement la vie de ces enfants et qui pourrait leur permettre de jouir pleinement de leurs droits fondamentaux tenant aux soins de santé, d'éducation et de services juridiques, civils et sociaux. La Communauté internationale s'est engagée à adopter des « mesures réalisables[410] » afin d'empêcher que des groupes armés ne recrutent ou n'utilisent pas des enfants âgés de moins de 18 ans dans les conflits armés[411]. On sait aussi que la Communauté internationale veut « lutter contre l'impunité, enquêter et poursuivre d'une manière effective les personnes qui ont illégalement recruté des enfants âgés de moins de 18 ans dans des groupes ou des forces armés »[412].

---

la police, le présumé kidnappeur aurait avoué avoir crevé les deux yeux de la jeune femme (âgé de 20 ans) avant que son gang la tue. *Cf.* Haïti-Banditisme, RadioKiskeya.com, 11 janvier 2008.

[408] La loi du 7 septembre 1961 et le décret du 20 novembre 1961 qui offrent des mesures et des procédures spécifiques applicables aux mineurs de moins de 16 ans, en ce qui concerne les affaires pénales.

[409] Les articles 50 à 52 du Code pénal établissent un statut pénal spécifique pour les enfants âgés de 13 à 16 ans et cela dépend des affaires de moindre gravité et sous certaines circonstances. Si les enfants ont moins de 12 ans et qu'ils sont coupables de crime, le juge pour enfants peut recourir à des mesures de protection, de surveillance, d'assistance ou d'éducation.

[410] Des mesures juridiques et administratives.

[411] *Engagements de Paris*, 6 février 2007.

[412] *Id.*, article 6.

Enfin, on sait que cette même Communauté internationale veut « débattre, réfléchir et appuyer le gouvernement [haïtien] dans la recherche de solutions à l'implication des enfants dans la violence armée »[413]. Cependant, peut-on dire que leur position reviendrait pratiquement à laisser pour demain les problèmes d'aujourd'hui comme un exercice futile enrobé dans une posture socialo-humanitaire[414]?

---

[413] *Supra*, note 406. Voir Interview de Njanja FASSU.

[414] Jean-Claude BAJEUX, « Le carrefour de la transcendance », Port-au-Prince, Centre Œcuménique des droits humains, 24 mai 2006.

CONCLUSION

Traiter la problématique des enfants soldats est important surtout lorsque cette démarche vise à ce que le droit international se penche sur la responsabilité pénale de l'enfant soldat. L'objectif n'est pas de criminaliser l'enfant [agresseur], mais d'arrêter le recrutement systémique des enfants et de prévenir la délinquance systématique d'ex-enfants combattants. Comme l'a dit si bien le député Suisse, Glasson Jean-Paul, « l'enfance est la période pendant laquelle l'être humain fixe ses repères, apprend la vie et ses valeurs »[415]. On n'en doute pas. Cependant, le droit international semble accorder « une protection spéciale » aux enfants soldats qui ont été impliqués dans des crimes contre l'humanité et crimes de génocide, de sorte que les « repères » ne sont pas clairs.

L'histoire des enfants spartiates, des *Mamelouks* d'Égypte, des *Cadets de la Flèche*, ou des *Lebensborn* d'Hitler, n'est pas si différente de l'histoire des *bassidji* iraniens, des *kadogos* africains, des *Mara Salvatrucha* d'El Salvador et des enfants *chimères* haïtiens. Ces histoires démontrent que les enfants sont souvent utilisés à des fins personnelles, mais qu'ils peuvent également décider de leur propre gré de devenir des conscrits pour assouvir leurs intérêts personnels. En fait, le problème d'enfants recrutés dans des forces armées et des groupes paramilitaires est un fléau mondial que le droit international humanitaire et le droit international des droits de l'homme sont incapables de résoudre, surtout lorsqu'il y a une ambiguïté par rapport au double statut juridique des enfants soldats qui sont vus comme des victimes plutôt que des agresseurs. Malgré qu'il n'existe aucune confusion

---

[415] *Initiative parlementaire: La criminalité organisée envers les enfants est un crime contre l'humanité*, Conseil national du Parlement Suisse, 19 juin 2003.

141

dans la définition même de ces termes[416], on y voit un paradoxe quand un enfant est à la fois victime et agresseur. En ce sens, le droit international veut ignorer ce paradoxe pour faire croire qu'un enfant ne peut pas être un agresseur quand il est une victime. Donc, si on doit considérer l'enfant en tant que victime, où sont passées ses victimes à lui? Est-ce qu'on doit ignorer ces milliers de personnes qui sont tuées, mutilées, violées et torturées?

En effet, l'incohérence du droit international à statuer sur l'aspect juridique de l'enfant soldat victime et agresseur est étroitement liée à un malaise qui est basé sur une décision conventionnelle calculée et délibérée par rapport au concept juridique que l'enfant de moins de 18 ans est un mineur, qu'il ne peut pas être tenu responsable de ses actions et que, s'il en est, il doit avoir un traitement ou une protection spéciale. C'est une parfaite contradiction lorsqu'un enfant peut « volontairement » s'enrôler dans des forces armées et participer « indirectement » aux hostilités, tandis que ce même enfant peut violer, torturer et tuer à sa guise et être toujours accepté comme une victime de la guerre à la suite des conflits armés. C'est aussi une contradiction lorsqu'un enfant à titre de « commandant » dirige un groupe armé, parmi lequel se trouve des adultes alignés sous sa commande qui reçoivent l'ordre de torturer et d'exécuter et que ce même « commandant » ne peut être jugé pour crime contre l'humanité à cause de son statut juridique d'enfant-soldat victime de la guerre. On croyait que les *Principes du Statut de Rome*, la *Résolution 1674 du Conseil de Sécurité* de l'ONU et les *règles de procédures de la Cour Pénale Internationale* interdiraient toute amnistie et feraient obligation à tout gouvernement de juger tous les auteurs de crimes contre

---

[416] Une victime est toute personne qui a subi un préjudice qui enfreigne les lois pénales en vigueur tandis qu'un agresseur est tout individu qui, en qualité de dirigeant ou d'organisateur (peut être au service d'un groupe ou un agent d'un gouvernement), prend part active dans – ou ordonne – la planification, la préparation, le déclenchement ou la conduite d'une agression.

l'humanité, de crimes de génocide et de violations massives des droits humains internationaux. N'est-ce pas que le *Protocole I de la Convention de Genève* protège les enfants contre le recrutement et leur implication dans les conflits armés et que le *Protocole facultatif à la Convention relative aux droits des enfants* accepte que les enfants âgés de 15 ans puissent être enrôlés dans les forces ou groupes armés volontairement, avec le consentement de leurs parents, et ne pas participer indirectement dans les hostilités?

Donc, si l'enfant peut être enrôlé volontairement dans l'armée, participer indirectement à des hostilités et commettre des crimes de guerre et des crimes contre l'humanité, pourquoi n'est-il pas amené devant la Cour pénale internationale? Cette incohérence sur le double statut juridique de l'enfant-soldat se pose aussi dans l'article 38 de la *Convention relative aux droits de l'enfant* qui autorise le recrutement d'enfants de moins de 18 ans. Il y n'aurait aucun problème à placer un enfant agresseur devant une Cour spéciale. Ce n'est pas pour punir l'enfant une seconde fois mais, pour faire en sorte que l'administration de la justice pour mineurs soit efficace lorsque le droit interne d'un pays n'a pas de système de justice fiable. Ce qui est aberrant, c'est lorsque la Communauté internationale reconnaît que le droit interne de certains pays est désuet et qu'elle refuse de prendre en charge un dossier tout en sachant que la gestion de ce dossier par les autorités internes portera préjudice aux droits fondamentaux de l'accusé[417]. Un autre problème qui se pose lorsqu'on n'accepte pas que l'enfant soldat soit un agresseur, c'est la délinquance systématique des enfants par leur implication dans des actes de délinquance et l'impunité automatique pour les recruteurs et les recrutés agresseurs.

---

[417] C'est le cas de Babuya Oleko, un enfant soldat, qui a été arrêté le 15 novembre 2000 et condamné à mort le 10 janvier 2001 pour meurtre. Babuya Oleko est arrivé le 20 juillet 2001 à la prison centrale de Kinshasa où il y est incarcéré avec les condamnés à mort adultes.

L'impunité, particulièrement fatale aux victimes des atrocités, découle de notre incapacité à opposer aux agresseurs la sanction de la justice, surtout dans un pays comme Haïti, « le seul pays du monde où l'on ne juge personne, un pays qui est en état de faiblesse pour juger, condamner la violence, l'assassinat, le trafic de la drogue[418] et la corruption »[419]. Dans un pays non industrialisé où il n'y a jamais eu de transformation sociale, parce que cette transformation est empêchée par des problèmes sociaux et politico-économiques qui engendrent souvent des conflits amés, la notion de la protection juridique des enfants est purement philosophique, surtout avec les problèmes qui se posent relativement à l'acceptation des conventions de droit international humanitaire et de droit international des droits de la personne. De surcroît, si ces pays n'adhèrent pas à une convention, il sera impossible de les tenir responsables des violations des droits de la personne et du droit humanitaire[420].

Cette attitude incohérente de la Communauté internationale sur le double statut juridique des enfants soldats donne l'impression que l'enfant sera toujours considéré comme une victime. Mais, « à quoi servent alors les casques bleus, privés d'armes offensives, envoyés çà et là sans véritables règles lisibles et qui acceptent de se faire bombarder? La mascarade d'ordre international ne dupe plus personne. Bien au

---

[418] Selon la Télévision Nationale d'Haïti (TNH), la police a saisit le 23 août 2006 près de 372 kilos de cocaïne qui sont évalués sur le marché du dogue à $8 184 000 dollars (US) dont $22 000 (US) par kilo. Les autorités de la Police Nationale d'Haïti (PNH), particulièrement le chef de la police Mario Andrésol, pensent que le conflit armé et la violence en général est liée à la drogue et à la prolifération des armes.

[419] *Supra*, note 414.

[420] On doit admettre qu'en dehors de toute convention internationale, surtout lorsqu'il s'agit des conflits armés internes ou non internationaux, les États doivent répondre à certaines règles coutumières. Voir : Jean-Marie HENCKAERTS et Louise DOSWALD-BECK, « Customary International Humanitarian Law », Cambridge, Cambridge University Press, 3 vol., 2005

contraire, elle frustre les masses populaires en leur faisant espérer une forme de justice [et de démocratie] mondiale »[421]. En fait, « pour remédier à la violence absurde et au syndrome de destruction, il faut commencer par opposer [aux enfants soldats], sans aucune hésitation, la force du droit, la transcendance de la Justice »[422], surtout avec la nouvelle résolution 1674 qui, espère-t-on, va engager le Conseil de sécurité d'une manière plus systématique dans les situations de crises, des opérations de maintien de la paix plus intégrées, une réponse humanitaire renforcée et la mise en place dans de nombreux endroits de recours judiciaires plus efficaces, afin de mettre fin aux souffrances et à l'impunité.

---

[421] WAKI, « Le droit international: une bien belle chimère », Agora Vox, 14 août 2006

[422] *Supra*, note 414.

ANNEXE

Figure 1 – L'enfant et l'âge de raison

Pourcentage de réponses correctes dans trois des conditions pertinentes sur les quantificateurs (tirée de Noveck, 2001, Expérience 3)			
	8 ans	10 ans	Adultes
Affirmations existentielles vraies Par ex. *Certains oiseaux vivent dans des cages*	84%	90%	99%
Affirmations universelles fausses Par ex. *Tous les enfants sont blonds*	86%	99%	96%
Affirmations existentielles vraies, mais inappropriées Par ex. *Certains éléphants ont des trompes*	89%	85%	41%

Figure 2 – Tableau de législation internationale et transnationale

Organisations Internationales	Instruments Internationaux (conventions, déclarations et traités)	Date d'adoption	Date de l'entrée en vigueur
Organisation des Nations Unies	Déclaration universelle des droits de l'homme	10/12/1948	S/O
	Convention relative au statut des réfugiés	28/07/1951	22/04/1954
	Déclaration des droits de l'enfant	20/11/1959	S/O
	Pacte international relatif aux droits civils et politiques	16/12/1966	23/03/1976
	Convention contre la torture et autres peines ou traitements cruels, inhumains ou dégradants	10/12/1984	26/06/1987
	Règles minima concernant l'administration de la justice pour mineurs (règles de Beijing)	29/11/1985	S/O
	Convention relative aux droits de l'enfant	20/11/1989	2/09/1990
	Règles minima pour l'élaboration de mesures non préventives de liberté (règles de Tokyo)	14/12/1990	S/O
	Règles pour la protection des mineurs privés de liberté	14/12/1990	S/O
	Principes directeurs pour la prévention de la délinquance juvénile (principes directeurs de Riyad)	14/12/1990	S/O
	Principes concernant le statut et le fonctionnement des institutions nationales pour la protection et la promotion des droits de l'homme (principes de Paris)	3/03/1992	20/12/1993
	Directives (de Vienne) relatives aux enfants dans le système de justice pénale	21/07/1997	S/O

Organisations Internationales	Instruments Internationaux (conventions, déclarations et traités)	Date d'adoption	Date de l'entrée en vigueur
Organisation des Nations Unies	Déclaration des principes fondamentaux de justice relatifs aux victimes de la criminalité et aux victimes d'abus de pouvoir	29/11/1985	S/O
	Lignes directrices en matière de justice pour les enfants victimes et témoins d'actes criminels	21/07/2004	S/O
	Statut (de Rome) de la Cour Pénale Internationale	17/07/1998	11/04/2002
	Statut du tribunal spécial pour la Sierra Leone	14/08/2000	16/01/2002
	Protocole facultatif se rapportant à la convention relative aux droits de l'enfant concernant l'implication d'enfants dans les conflits armés	25/05/2000	22/02/2002
	Principes fondamentaux et directifs concernant le droit à un recours et à la réparation des victimes de violations flagrantes du droit international des droits de l'homme et de violations graves du droit international humanitaire	21/03/2006	S/O
Organisation des États Américains	Déclaration américaine des droits et devoirs de l'homme	2/05/1948	S/O
	Convention américaine relative aux droits de l'homme	22/11/1969	18/07/1978
Union Européenne	Convention européenne des droits de l'homme	4/11/1950	3/09/1953
Conseil de l'Europe[423]	Charte sociale européenne	18/10/1961	1/07/1999

---

[423] La Charte a été révisée le 3 mai 1996.

Organisations Internationales	Instruments Internationaux (conventions, déclarations et traités)	Date d'adoption	Date de l'entrée en vigueur
Comité International de la Croix-Rouge	Conventions de Genève (I, II, III et IV)	12/08/1949	21/10/1950
	Protocole additionnel I relatif à la protection des victimes des conflits armés internationaux	8/06/1977	7/12/1978
	Protocole additionnel II relatif à la protection des victimes des conflits armés non internationaux	8/06/1977	7/12/1978
Union Africaine	Charte africaine des droits et du bien-être de l'enfant	11/07/1990	29/11/1999
Organisation Internationale du Travail	Convention sur l'abolition du travail forcé	25/06/1957	17/01/1959
	Convention sur les pires formes du travail des enfants	1/06/1999	19/11/2000
	Convention sur l'âge minimum	26/06/1973	19/06/1976

Figure 3 – Tableau de législation nationale

États-membres	Instruments Nationaux	Date d'adoption/ entrée en vigueur
États-Unis d'Amérique[424]	Loi sur les normes de travail équitables, 29 USC § 212	1938
	Loi de procédure pénale, 18 USC § 1401	1964
	Loi sur les organisations corrompues et influencées par les racketteurs (RICO), 18 USC § 96	1968
	Loi sur le contrôle des crimes violents et l'application de la loi, 18 USC §§ 113 (a), (b) and (c), 1111, 1113, §§ 2111, 2113 and 2241	1994
	Loi sur la justice pour mineurs et la délinquance, 42 USC § 5601	2002
République du Bénin	Ordonnance relative au jugement des infractions commises par des mineurs de 18 ans, N°69-23/PR/MJL	10/07/1969
Colombie	Code des mineurs	1989
	Loi 49-99 sur le service militaire	1999
République démocratique du Congo	Décret relatif à la délinquance	6/12/1950
	Décret N°066 relatif à la démobilisation des enfants enrôlés dans les forces armées	9/06/2000
République d'Haïti	Loi sur l'administration de la justice pour mineurs	7/09/1961
	Code du travail	12/09/1961
	Décret sur l'administration de la justice pour mineurs	20/11/1961
	Décret modifiant le Code pénal de 1836	23/05/1985
	Décret actualisant le Code du travail de 1961	24/02/1994
	Loi relative à la police nationale	29/11/1994
	Décret modifiant la loi électorale de 1995	23/03/1999
Nicaragua	Code du travail (réforme)	1997
	Code de l'enfance et de l'adolescence	1998

---

[424] Les États-Unis d'Amérique est un membre de l'ONU, mais n'a pas ratifié (de même que la Somalie) la *Convention relative aux droits de l'enfant*. Cependant, ces deux pays ont signé respectivement cette convention le 16 février 1995 et le 9 mai 2002.

États-membres	Instruments Nationaux	Date d'adoption/ entrée en vigueur
République Islamique du Pakistan	Code pénal	1960
	Ordonnance sur le système de justice pour mineurs	2000
	Ordonnances relatives au Zina et au Hadood	1979
République de Sierra Leone	Règles du droit coutumier ou de pratiques traditionnelles	S/O
	Loi relative à la citoyenneté Sierra Léonienne	1973
République de l'Ouganda	Loi sur le statut des enfants	1996
Canada (Province du Québec)	Loi modifiant la loi sur la protection de la jeunesse	2001

Figure 4 – Tableau de Jurisprudence

États-membres	Description	N° du dossier	Date
Angola	Enfant-soldat : exécutions de jeunes	452653 (UNHCR)	28/05/2004
Colombie	Observations finales du Comité	CRC/C/15/Add.137	16/10/2000
Congo (RDC)	Babuyu Oleko c. la Cour d'ordre militaire de la RDC	E/CN.4/2002/74/Add.2	8/05/2002
El Salvador	Observations finales du Comité	CRC/C/15/Add.9	18/10/1993
Haïti	Observations finales du Comité	CRC/C/15/Add.202	18/03/2003
Libéria	Observations finales du Comité	CRC/C/15/Add.236	1/07/2004
Nicaragua	Observations finales du Comité	CRC/C/15/Add.108	24/08/1999
Ouganda	Observations finales du Comité	CRC/C/15/Add.80	21/10/1997
Pakistan	Observations finales du Comité	CRC/C/15/Add.217	27/10/2003
Sierra Leone	Observations finales du Comité	CRC/C/15/Add.116	24/02/2000
Soudan	Observations finales du Comité	CRC/C/15/Add.190	9/10/2002

Figure 5 – *Haïti : Conventions et Traités Internationaux et Transnationaux*

Date d'admission à l'ONU: 24 octobre 1945; **à l'OEA** : 30 avril 1948; **au CARICOM** : 3 juillet 2002

Traités	Statut	Date de Signature	Date de Ratification ou d'Accession	Historique des Rapports
Convention relative aux Droits de l'Enfant (ONU)	Ratification	26.01.1990	08.06.1995	Rapport initial 03.04.2001
Protocole facultatif se rapportant à la Convention relative aux Droits de l'Enfant concernant l'Implication d'Enfants dans les Conflits Armés (ONU)	Signature	15.08.2002		
Protocole facultatif se rapportant à la Convention relative aux Droits de l'Enfant concernant la Vente d'Enfants, la Prostitution et la Pornographie (ONU)	Signature	15.08.2002		
Convention sur l'Élimination de toutes les Formes de Discrimination Raciale (ONU)	Ratification	30.10.1972	19.12.1972	Rapport initial 20.05.1974
Pacte International relatif aux Droits Civils et Politiques (ONU)	Accession		06.02.1991	Rapport spécial 27.02.1995
Convention sur l'Élimination de toutes les Formes de Discrimination à l'Égard des Femmes (ONU)	Ratification	17.07.1980	20.07.1981	
Pacte sur les Droits Politiques des Femmes (ONU)	Ratification	23.07.1957	12.02.1958	

Traités	Statut	Date de Signature	Date de Ratification ou d'Accession	Historique des Rapports
Convention relative au Statut des Réfugiés (ONU)	Accession		25.09.1984	
Protocole relatif au Statut des Réfugiés (ONU)	Accession		25.09.1984	
Convention contre le Trafic Illicite des Drogues Narcotiques et des Substances Psychotropes (ONU)	Accession		18.09.1995	
Protocole relatif à la Convention contre Trafic Illicite des Drogues Narcotiques et des Substances Psychotropes (ONU)	Accession		18.09.1995	
Convention pour Limiter la Fabrication et la Réglementation des Drogues Narcotiques (ONU)	Signature	31.05.1951		
Protocole pour Prévenir, Supprimer et Punir le Trafic des Personnes et Spécialement Femmes et Enfants (ONU)	Signature	13.12.2000		
Convention pour la Prévention et la Répression du Crime de Génocide (ONU)	Ratification	11.12.1948	14.10.1950	
Convention sur la Lutte contre la Corruption (ONU/OCDE)	Accession		14.05.2007	
Statut (Rome) de la Cour Pénale Internationale (ONU/CICR)	Signature	26.02.1999		

Traités	Statut	Date de Signature	Date de Ratification ou d'Accession	Historique des Rapports
Charte de l'Organisation des États Américains (OEA)	Ratification	04.30.1948	08.21.1950	
Convention Américaine relative aux Droits de l'Homme (OEA)	Accession		14.09.1977	
Protocole Additionnel à la Convention Américaine relative aux Droits de l'Homme par rapport aux Droits Économiques, Sociaux et Culturels (OEA)	Signature	17.11.1988		
Convention Interaméricaine pour la Prévention et la Répression de la Torture (OEA)	Signature	13.06.1986		
Convention Interaméricaine sur le Retour International de Mineurs (OEA)	Signature	15.07.1989		
Convention Interaméricaine sur le Conflit de Lois en matière d'Adoption des Mineurs (OEA)	Signature	24.05.1984		
Convention Interaméricaine sur la Concession des Droits Civils à la Femme (OEA)	Signature	02.05.1948		
Convention Interaméricaine sur la Concession des Droits Politiques à la Femme (OEA)	Ratification	01.08.1957	21.10.1957	
Convention Interaméricaine pour la Prévention, la Répression et l'Éradication de la Violence contre les Femmes (OEA)	Accession		07.04.1997	
Convention Interaméricaine contre le Terrorisme (OEA)	Signature	03.06.2002		

Traités	Statut	Date de Signature	Date de Ratification ou d'Accession	Historique des Rapports
Traité Interaméricain pour une Assistance Réciproque (OEA)	Ratification	02.09.1947	30.10.1947	
Convention Interaméricaine sur l'Extradition (OEA)	Signature	25.02.1981		
Convention Interaméricaine contre la Corruption (OEA)	Ratification	29.03.1996	14.04.2004	
Convention sur la Durée du Travail (OIT/C-1)	Ratification		31.03.1952	
Convention sur l'âge Minimum (Industrie) (OIT/C-5)	Ratification		12.04.1957	
Convention sur les Réparations des Accidents du Travail (Agriculture) (OIT/C-12)	Ratification		19.04.1955	
Convention sur le Travail Forcé (OIT/C-25)	Ratification		04.03.1958	
Convention sur la Liberté Syndicale et la Protection du Droit Syndical (OIT/C-87)	Ratification		05.06.1979	
Convention sur le Travail de Nuit des Enfants (Industrie) (OIT/C-90)	Ratification		12.04.1957	
Convention sur le Droit d'Organisation et de Négociation Collective (OITC-98)	Ratification		12.04.1957	
Convention sur l'Égalité de Rémunération (OIT/C-100)	Ratification		04.03.1958	
Convention sur l'Abolition du Travail Forcé (OIT/C-105)	Ratification		04.03.1958	
Convention concernant la Discrimination (Emploi et Profession) (OIT/C-111)	Ratification		09.11.1976	

Figure 6 – *Haïti et les groupes armés*

Groupes Armés	Description	Mouvements	Date en fonction
Caciquats	Anti-coloniale (Royaume d'Espagne)	Anti-esclavagiste & révolutionnaire	1492-1516
Marrons	Anti-coloniale (Espagne + France)	Anti-esclavagiste & révolutionnaire	1560-1802
Bossales	Anti-coloniale (Espagne + France)	Anti-esclavagiste & révolutionnaire	1698-1802
Congos	Anti-coloniale (Espagne + France)	Anti-esclavagiste & révolutionnaire	1692-1802
Armée Révolutionnaire	Anti-coloniale (France)	Anti-esclavagiste & révolutionnaire	1802-1806
Armée de l'Ouest	Pro-gouvernementale (Alexandre Pétion)	Anti-nordiste & anti-insurrectionnel	1807-1818
Armée du Nord	Pro-gouvernementale (Henri Christophe)	Anti-sudiste & anti-insurrectionnel	1807-1820
Armée Souffrante	Anti-gouvernementale (Rivière Hérard)	Révolutionnaire	1844
Piquets	Anti-gouvernementale (Rivière Hérard et ses successeurs)	Révolutionnaire, anti-insurrectionnel & criminel	1844-1870
Zinglins	Pro-gouvernementale (Rivière Hérard et ses successeurs)	Anti-insurrectionnel & criminel	1844-1867
Cacos	Anti-gouvernementale (Rivière Hérard et ses successeurs) et anti-impérialiste (É.U.)	Révolutionnaire, anti-insurrectionnel & criminel	1844-1920
Jeunes de La Saline et de Bel-Air	Pro-gouvernementale (Daniel Fignolé)	Insurrectionnel : Rouleau Compresseur	1954-1957
Cagoulards	Pro-gouvernementale (François Duvalier)	Anti-insurrectionnel & criminel	1957-1959
La Milice Civile « Tontons Macoutes »	Pro-gouvernementale (François Duvalier)	Révolutionnaire, anti-insurrectionnel & criminel	1959-1964
Volontaires de la Sécurité Nationale (VSN)	Pro-gouvernementale (François Duvalier)	Anti-insurrectionnel & criminel	1964-1991

Groupes Armés	Description	Mouvements	Date en fonction
Fillettes Laleau	Pro-gouvernementale (François Duvalier)	Anti-insurrectionnel & criminel	1965-1986
Communistes	Anti-gouvernementale (Duvalier père et fils)	Révolutionnaire	1960-1986
Kamoken	Anti-gouvernementale (Duvalier père et fils)	Révolutionnaire	1962-1984
Inconnu (plusieurs secteurs politiques)	Anti-gouvernementale (Jean-Claude Duvalier)	Révolutionnaire & criminel:Opérations Césarienne & déchoukage	1980-1986
Brigades de Vigilance	Anti-gouvernementale (juntes militaires)	Insurrectionnel & criminel: Opération déchoukage	1986-1994
Brassards Rouges	Pro-gouvernementale (juntes militaires)	Anti-insurrectionnel & criminel	1988
Zenglendos	Pro-gouvernementale (juntes militaires)	Anti-insurrectionnel & criminel	1988-1991
Attachés	Pro-gouvernementale (juntes militaires)	Anti-insurrectionnel & criminel	1991-1994
Organisations Populaires (OP)	Pro-gouvernementale (J.-B. Aristide)	Révolutionnaire & criminel: Opérations déchoukage & Rache Manyòk	1991-2003
Escadrons de la Mort	Pro-gouvernementale (juntes militaires)	Anti-insurrectionnel & criminel	1992-1994
FRAPH	Pro-gouvernementale (juntes militaires)	Anti-insurrectionnel & criminel	1993-1995
5ᵉ Colonne	Pro-gouvernementale (J.-B. Aristide)	Anti-insurrectionnel & criminel	2001-2006
Armée Sans Manman	Anti-gouvernementale (J.-B. Aristide)	Insurrectionnel & criminel	2002-2004
Armée Rat	Pro-gouvernementale (J.-B. Aristide)	Anti-insurrectionnel & criminel	2003-2006
Armée Cannibale	Pro-gouvernementale & Anti-gouvernementale (J.-B. Aristide)	Anti-insurrectionnel & criminel : Opération coup de poing	2001-2004

Groupes Armés	Description	Mouvements	Date en fonction
Armée Rouge	Pro-gouvernementale (J.-B. Aristide)	Révolutionnaire & criminel	1994-2006
Armée Saddam Hussein	Pro-gouvernementale (J.-B. Aristide)	Anti-insurrectionnel & criminel	2001-2006
Dòmi Nan Bwa	Pro-gouvernementale (J.-B. Aristide)	Anti-insurrectionnel & criminel	2001-2005
Bale Wouze	Pro-gouvernementale (J.-B. Aristide)	Anti-insurrectionnel & criminel	2001-2005
Base Pilate	Pro-gouvernementale (J.-B. Aristide)	Anti-insurrectionnel & criminel	2003-2008
Base Grand Ravine	Pro-gouvernementale (J.-B. Aristide)	Anti-insurrectionnel & criminel	2003-2008
Soré - Martissant	Pro-gouvernementale (J.-B. Aristide)	Anti-insurrectionnel & criminel	2003-2008
Ti Bois	Pro-gouvernementale (J.-B. Aristide)	Anti-insurrectionnel & criminel	2003-2008
Armée Ti-Manchèt	Pro-gouvernementale (Gérard Latortue)	Anti-insurrectionnel & criminel	2004-2008
FRN	Anti-gouvernementale (J.-B. Aristide)	Révolutionnaire	2004-2006
Cercueil	Pro-gouvernementale (J.-B. Aristide)	Anti-insurrectionnel & criminel	2001-2004
Kokorat	Pro-gouvernementale (J.-B. Aristide)	Anti-insurrectionnel & criminel	2002-2006
Ratpakaka	Pro-gouvernementale (J.-B. Aristide)	Anti-insurrectionnel & criminel	2002-2006
RAMICOS	Anti-gouvernementale (J.-B. Aristide)	Insurrectionnel	2001-2007
Chimères	Pro-gouvernementale (J.-B. Aristide)	Révolutionnaire, anti-insurrectionnel & criminel: Opérations Bagdad I & II	2001-2008

BIBLIOGRAPHIE

1.0 Ouvrages juridiques:

- ACHOUR, R.B., S. LAGHMANI (dir.), *Harmonie et Contradictions en droit international*, Paris, Éditions A. Pedone, 1996, 346 p.

- ARZOUMANIAN, N. et F. PIZZUTELLI, « Victimes et bourreaux: questions de responsabilité liées à la problématique des enfants-soldats en Afrique », (2003) 85 R.I.C.R. 827

- BAZELAIRE, J.-P. et T. CRETIN, *La justice pénale internationale: son évolution, son avenir: de Nuremberg à la Haye*, Paris, Presses Universitaires de France, 2000, 261 p.

- BOUCHET-SAULNIER, F., *Dictionnaire pratique du droit humanitaire*, Paris, La Découverte & Syros, 2000, 492 p.

- COALITION TO STOP THE USE OF CHILD SOLDIERS, *Child soldiers: global report 2001*, Londres, Child soldiers, 2001, 452 p.

- *Jurisprudence on the rights of the child*, t. 3, by COHEN, C.P., Ardsley, Transnational Publishers Inc., 2005, 530 p.

- COHN, I. et G. GOODWIN-GILL (dir.), *Enfant-soldat: le rôle des enfants dans les conflits armés*, Montréal, Éditions du Méridien, 1995, 267 p.

- COMITÉ INTERNATIONAL DE LA CROIX-ROUGE, *Les enfants dans la guerre*, Genève, CIRC, 2004, 67 p.

- DAVID, E., *Code de droit international pénal*, Bruxelles, Éditions Bruylant, 2004, 1532 p.

- DAVID, E., F. TULKENS, et D. VANDERMEERSCH, *Code de droit international humanitaire*, Bruxelles, Bruylant, 2004, 860 p.

- De SCHUTTER, O., F. TULKENS et S.V. DROOGHENBROECK, *Code de droit international des droits de l'homme*, Bruxelles, Bruylant, 2000, 526 p.
- FOUSSENI, S., *La responsabilité pénale des enfants soldats*, Paris, Université de Nantes (Paris X), 2004, 67 p.
- GRADITZKY, T., « La responsabilité pénale individuelle pour violation du droit international humanitaire applicable en situation de conflit armé non international », (1998) 21 R.I.C.R. 829
- HARVEY, R., *Children and armed conflict: a guide to international humanitarian and human rights law*, Essex, University of Essex, 2003, 92 p.
- HAUT COMMISSARIAT DES NATIONS UNIES POUR LES RÉFUGIÉS, *La violence sexuelle et sexiste contre les réfugiés, les rapatriés et les personnes déplacées: Principes directeurs pour la prévention et l'intervention*, New York, Nations Unies, 2003, 182 p.
- HUMAN RIGHTS WATCH, *La guerre dans la guerre: Violence sexuelle contre les femmes et les filles dans l'est du Congo*, Brussels, HRW, 2002, 62 p.
- INSTITUT INTERNATIONAL DES DROITS DE L'ENFANT, *L'enfant et la guerre,* Genève, Institut Universitaire Kurt Bosch, 2001, 162 p.
- LLUELLES, D., *Guide des références pour la rédaction juridique*, Montréal, Éditions Thémis, 2000, 202 p.
- RENAUT, C., *L'interdiction de recruter des enfants soldats*, Paris, Centre de recherches et d'études sur les droits de l'Homme et le droit humanitaire, Université Paris Sud (Paris XI), 2000, 60 p.
- RUBELLIN-DEVICHI, J. et R. FRANK (dir.), *L'enfant et les conventions internationales*, Lyon, Presses Universitaires, 1996, 492 p.

- SALMON, J., (dir.), *Dictionnaire de droit international public*, Bruxelles, Éditions Bruylant, 2001, 1198 p.
- UNITED CHILDREN'S FUND, *The state of the world's children in 2005: Childhood under threat*, New York, Unicef House, 2004, 164 p.

1.1 Ouvrages non-juridiques :

- ABBOTT, E., « Haiti: The Duvaliers and Their Legacy », New York, McGraw-Hill Book Company, 1988, 382 p.
- ACHILLE, T., « Aristide: le dire et le faire », Montréal, Les Éditions de la Vérité, 1998, 118 p.
- ARISTIDE, J.-B., « Theology and Politics », Montréal, Les Éditions du CIDIHCA, 1995, 132 p.
- BADJOKO, L. et K. CLARENS, *J'étais Enfant-soldat: le récit poignant d'une enfance africaine*, Paris, Éditions Plon, 2005, 162 p.
- BEA, I., « A Long Way Gone: Memoirs of a Boy Soldier », New York, Farrar, Straus and Giroux, 2007, 240 p.
- BERTRAND, M., (dir.), *Les enfants dans la guerre et les violences civiles: Approches cliniques et théoriques*, Paris, Éditions L'Harmattan, 1997, 159 p.
- BOLYA, *La profanation des vagins: le viol comme arme de guerre et arme de destruction massive*, Paris, Éditions Le Serpent à Plumes, 2002, 201 p.
- BONNARDOT, M.-L. et DANROC, G., « La chute de la maison Duvalier: Textes pour l'histoire », Montréal, Éditions KARTHALA, 1989, 320 p.
- BOYDEN, J. and J. BERRY (dir.), *Children and youth on the front line: ethnography, armed conflict and displacement*, New York, Bergham Books, 2004, 274 p.
- BRETT, R. and I. SPECHT, *Young soldiers: why they choose to fight*, Boulder, Lynne Rienner Publishers Inc., 2004, 192 p.

- CORTEN, A., « Diabolisation et Mal Politique. Haïti: misère, religion et politique », Montréal, Les Éditions du CIDHICA-KARTHALA, 2000, 246 p.

- De LACROIX, P. et PLUCHON, P., *La révolution de Haïti*, t.1 et 2, « Mémoires pour servir à l'histoire de la révolution de Saint-Domingue », 2ᵉ éd. par P. Pluchon, Paris, Éditions KARTHALA, 1995, 528 p.

- DHÔTEL, G., *Les enfants dans la guerre*, coll. « Les Essentiels Milan », Toulouse, Éditions Milan, 1999, 63 p.

- DORSAINVIL, J.-C., « Manuel d'Histoire d'Haïti », Port-au-Prince, Imprimerie Henri Deschamps, 1924, 372 p.

- ENGLISH, A.D., « Understanding Military Culture: A Canadian Perspective », Montreal, McGill-Queen's University Press, 2004, 198 p.

- FERGUSON, J., « Papa Doc, Baby Doc: Haiti and the Duvaliers », New York, Basil Blackwell Ltd, 1987, 172 p.

- HEINL, R.D. and HEINL, N.G., « Written in Blood - The Story of the Haitian People: 1492-1971 », Boston, Houghton Mifflin Company, 1978, 786 p.

- KEITETSI, C., *La petite fille à la kalachnikov: ma vie d'Enfant-soldat*, Bruxelles, Éditions GRIP, 2004, 265 p.

- LANEYRIE-DAGEN, N., *Les grands événements de l'histoire des enfants*, coll. « La Mémoire de l'humanité », Paris, Édition Larousse, 1995, 320 p.

- MOISE, C., *Constitutions et luttes de pouvoir en Haïti*, t. 1, « 1804-1915: La faillite des classes dirigeantes », Montréal, Les Éditions du CIDIHCA, 1988, 340 p.

- MOISE, C., *Constitutions et luttes de pouvoir en Haïti*, t. 2, « 1915-1987: De l'occupation étrangère à la dictature macoute », Montréal, Les Éditions du CIDIHCA, 1990, 570 p.

- OSSEIRAN-HOUBBALLAH, M., *L'Enfant-soldat: victime transformée en bourreau*, Paris, Odile Jacob, 2003, 233 p.
- SANSARICQ, B., « Le pouvoir de la foi », Montréal, Éditions Du Marais, 2006, 394 p.
- SCHMITZ, M. et O. A. OTUNNU (dir.), *La guerre: enfants admis*, Bruxelles, Éditions GRIP, 2001, 184 p.
- SINGER, P.W., *Children at war*, New York, Pantheon Books, 2005, 269 p.

1.2 Sources multimédia (Internet, documentaires et autres documents visuels) :

- AMNESTY INTERNATIONAL, «Libéria: Les promesses de la paix pour 21,000 enfants soldats», Londres, mai 2004 http://web.amnesty.org/library/Index/FRAAFR3400 62004?open&of=FRA-364
- AMNESTY INTERNATIONAL, « République Démocratique du Congo: enfants en guerre », Secrétariat International, 9 septembre 2003 http://web.amnesty.org/report2006/index-fra
- CORNELLIER, R., P. HENRIQUEZ et R. PROVENCHER, « Enfance assassinée », Macumba International (Série Extremis, Télé-Québec), 2001
- « Darfur peace plan signed by one rebel group: Two others refuse; U.N. chief says force may be needed to protect civilians », Associated Press, 5 May 2006 http://www.msnbc.msn.com/id/12627670/
- DARMEL, J., « Justice Haïtienne: affaire Jean Yves Noël », Haitian Promotional Group for Democracy, 24 mai 2006 http://groups.yahoo.com/group/Haitianpolitics/message/41543
- DAVIS, P., « Hearts and Minds », Janus Films, 1974
- DEMME, J., « The Agronomist », New Line Home Video, 2005

- HUMAN RIGHTS WATCH, « Le chef des Janjaweed affirme que le gouvernement soudanais a soutenu les raids», 2 mars 2005 http://hrw.org/french/docs/2005/03/02/darfur10230.htm
- HYCKS, V., « War Stories », Discovery Channel, 2002
- « Haïti: Nouvelle violence à Port-au-Prince », Intérêt Général, 15 octobre 2004 http://interet-general.info/article.php3?id_article=2831
- JEAN-PHILIPE, H.E., « Insécurité: le cas Préval inspire de la pitié », Haitian Promotional Group for Democracy, 5 août 2006 http://groups.yahoo.com/group/Haitianpolitics/message/45267
- KOINANGE, J., « Unspeakable brutality », CNN documentary, 23 May 2006 http://www.cnn.com/2006/WORLD/africa/05/23/koinange.rape.war/index.html
- LACOURSE, D., « Rwanda: chronique d'un génocide annoncé », Alter-Ciné, Inc., 1996
- LAVOIE, G., « Les enfants de la guerre peuvent-ils retrouver la paix? », Droit de Parole, Télé-Québec, 2001
- LETH, A. and LONCAREVIC, M., « Ghosts of Cité Soleil », Nordisk Film, 2005
- LUCAS, S., « Poursuite des kidnappings en Haïti: Nécessité de la mise en place d'une politique musclée visant à démanteler le réseau de malfaiteurs », Washington Democracy Project, juillet 2006 http://groups.yahoo.com/group/Haitianpolitics/message/45280
- MARINKER, P., « Pol Pot: Secret Killer », Biography, A&E Television Network, 1997
- MILLER, J. and SHAH, S., « Death in Gaza », Frostbite Films Productions, 2006
- MORRISON, M. and T. SANDLER, «Children of War in Northern Uganda», Dateline NBC, 22 August 2005 http://

video.msn.com/v/us/msnbc.htm?g=5000fec2-5417-42d4-b158-1566bc240f24&f=00&fg=email

- NICOLOSI, M., « Salvadoran gang said to span the nation », The Boston Globe, 28 December 2002 http://www.streetgangs.com/topics/2002/122802ms.html
- OUATTARA, M.J., « Haïti: Port-au-Prince refuse la loi des gangs », Radio France Internationale, 10 janvier 2006 http://www.rfi.fr/actufr/articles/073/article_40981.asp
- PATRY, Y., GRANA, S. and LACOURSE, L., «Hand of God, Hand of the Devil», National Film Board of Canada Production, 1996
- PERCY, N. and LYMAN, W., « The 50 Years War: Israel and the Arabs », PBS, WGBH Educational Foundation, 1999
- PROVENCHER, R., « War babies », Macumba International, Télé-Québec, 2002
- ROBINSON, S. and V. WALT, «The deadliest war in the world», Time Magazine, Vol. 167, No. 23, 5 June 2006
- RUSSO, R., « Un nouveau rôle pour l'UNHCR: protéger les personnes déplacées par la guerre civile en Ouganda », Kampala, Agence des Nations Unies pour les Réfugiés, 22 mai 2006 http://www.unhcr.fr/cgi-bin/texis/vtx/news/opendoc.htm?tbl=NEWS&page=home&id=4471d1fa4
- SHAND, T. and KEMPIN, G., « The Great War: Story of WWI, Parts I & II », Eagle Rock Entertainment, 2005
- SIBERT, C., « Face à l'opinion. Haïti: le droit à l'impunité », Cap-Haïtien, Radio Maxima, 26 mai 2006 http://groups.yahoo.com/group/Haitianpolitics/message/41654
- UNICEF, « Enfants dans la guerre et enfants-soldats », 18 mai 2004 http://www.unicef.be/campagne/fr/docs/brochure_fr.pdf

Printed in the United States
by Baker & Taylor Publisher Services